もっと上手に財産移転を！

生前贈与の基礎知識

税理士
鈴木和宏
Suzuki Kazuhiro

廣済堂出版

はじめに

改正相続税法が施行され、大変注目されていた平成27年の相続税の申告状況が、平成28年12月16日に国税庁から公表されました。

相続税の基礎控除が4割引き下げられ、平成27年に亡くなられた方のうち課税対象となった方の割合、いわゆる課税割合は8・0％と大幅に増え、改正前となる前年の平成26年の4・4％から3・6ポイントも増えました。

これは、現在の課税方式になった昭和33年以降で最も高い割合で、当初、国税当局が改正時に6％台と予測していた数字を大きく上回りました。平成27年の被相続人の数は10万3043人で、前年から4万6804人も増えています。

相続財産の項目では、平成27年の相続財産額に占める預貯金等は4兆7996億円と、前年比1兆4942億円増で、資産の内訳で一番の増加となりました。

預貯金等の増加額1兆4942億円を、被相続人の増加4万6804人で割ると、平均預貯金額は約3000万円と考えられ、一般に言われている預貯金額の平均2000万円より多くなっています。

不動産は、登記情報や固定資産台帳や名寄せなどによりほぼ把握できます。ところが、金融資産については実態がつかみ難い側面があります。そのため、金融資産が想定より多く、当初予想していた課税割合を大きく上回ったということでしょう。

さらに、今回の法改正で大きく影響を受けるであろう2次相続（両親のどちらかが死亡し配偶者が相続した財産を、その配偶者の死亡時に今度は子どもだけで相続するケース）が多かったことも考えられます。

以前ならば相続税の課税対象となったのは、いわゆる土地持ちの地主さんといったケースが大半でしたが、もはやそれだけでは済まなくなってきています。

「都市圏の自宅に加え、預金や株などで資産運用をして金融資産を蓄えていた」こういう方にも相続税は確実にかかるようになってきています。特に地価の高い都市圏に住む方にとっては、徐々に身近な税金になっていくのが現状です。

私どもの事務所でも、毎年、数多くの相続税の申告を担当させて頂きますが、以前であれば基礎控除の範囲内で収まっていて相続税がかからなくて済んでいた方でも、相続税を納めなければならない時代になったことを実感しています。

これまでより多くの方々が「相続対策を考えなければ……」ということになってきたわけですが、相続税対策にも次のようにいくつかの目的があります。

・相続税軽減対策としての節税対策
・納税資金対策
・認知症対策
・遺産分割対策としての〝争続〟の防止

つまり、相続税の納税額を減らすこと、納税資金を確保しておくこと、被相続人の高齢や健康問題への対策、相続人同士でもめないようにすることなどですが、これら多くの目的を叶える方法として注目されているのが、本書のテーマである生前贈与の活用です。

生前贈与とは、被相続人が生きている間に、相続人予定者などに財産をあげてしまう（贈与する）ことで、経験のない方でもこの言葉はご存知でしょう。

もちろん、このやり方なら税金がかからないわけではなく、贈与税というものがかかります。しかし、財産を生前に贈与して贈与税を払うことで、将来負担すべきはずだった相続税を抑えることにつながりますし、上手に生前贈与をすることにより相続税がかからなくなることもあります。

また、生前贈与は相続税の納税資金対策としても有効で、預貯金などの金融資産を生前贈与して相続税の納税に充てることもできます。

このように生前贈与は、相続対策の一つとして以前より利用されている制度で、法律上の制限もありますが、やり方次第では強い味方になります。

認知症になれば生前贈与、遺言などの対策を打つことができなくなりますから、元気なうちに行動することも重要なポイントです。

ぜひ、生前贈与について理解を深め、賢く利用して税金を軽くするとともに幸せな〝家〟が継承され、繁栄し続けることを切に願っております。

それでは、財産のスムーズなバトンタッチをともに考えていきましょう。

税理士　鈴木和宏

2017年3月吉日

目次

生前贈与の基礎知識

第2章 2つある生前贈与のやり方

——暦年課税制度と相続時精算課税制度

第3章 「名義預金」に注意しましょう

——税務調査のポイントと対策

第5章 賢く活用しよう、贈与税の各種優遇措置

第1章

生前贈与——その大きなメリット

〝贈与税はなぜあるの？〟

と皆さんは不思議に思いませんか。

そもそも税金というのは、そのお金で国家運営を成り立たせようというものですから、その昔は戦争と深い関わりがあるものもあります。贈与税もその一つです。

明治38年、当時の日本は日露戦争に伴う軍費増大で、新たな財源を必要としていました。この「戦費調達」のために税金が利用され、生活必需品である塩・砂糖・しょう油などや、たばこや電車に乗るにも税金がかけられました。

ここで大注目されたのが「戦死者」です。

戦死者の財産は、当然その家族のものになります。となれば、

〝ただで財産がもらえるのだから、その一部を税金で納めてもらえますよね〟

という発想で誕生したのが相続税でした。

相続税が制定された当時は、民法の家族制度が家督相続（長男など戸主の地位にある者中心の相続）に定められていた時代です。家督相続は優遇され、戸主の死亡による家督相続よりも、戸主以外の死亡による遺産相続の方に相続税の負担を重くする等の規定が設けられていました。またこの時代は、相続税収入が租税収入全体に比較的大きなウエートを占めていました。

図表 1-1　基礎控除額の変化

	改正前	改正後
適用時期	平成 26 年 12 月 31 日まで	平成 27 年 1 月 1 日以降
基礎控除額	**5,000万円+1,000万円×法定相続人数** （定額控除）　（比例控除）	**3,000万円+600万円×法定相続人数** （定額控除）　（比例控除）
例示	※法定相続人2人の場合 基礎控除額＝ 5,000万円＋1,000万円×2人＝7,000万円	※法定相続人2人の場合 基礎控除額＝ 3,000万円＋600万円×2人＝4,200万円

　ところが、賢い人はいつの時代にもいるものです。

「戦死したときに私の財産があれば税金をとられる。だったら、生きているうちに早く財産を家族にあげてしまおう」

　と思う人たちが出てきました。

　これでは、相続税が意味を成しません。そこで、新たに新設されたのが贈与税だったのです。そのため贈与税は、相続税を補うための税金と言われています。

　それでは、生前贈与の世界へじっくりとお進みください。


　はじめに書きましたように、相続税の税制改正が適用される最初の年が平成27年でした（**図表1-1**）。

　具体的には、税制の改正前と改正後では相続税の基礎控除が4割引き下げられました。

図表 1-2　相続税の課税対象の考え方

相続をする人数に関係なく控除することができる定額控除分については、
5000万円⇩3000万円に縮小され、
相続人の数で増えていく比例控除分についても、
1人当たり1000万円⇩600万円に縮小となりました。

相続税は、亡くなった方の相続財産の全てが相続税の基礎控除額を超える場合にかかってきます（図表1-2）。

「相続税のかかる財産」は主に、現金、預貯金、土地・家屋、有価証券、貴金属などです（図表1-3）。

「相続税のかからない財産」は主に、仏壇、墓地、生命保険金・死亡退職金の非課税枠分などです。

最初に述べたように、国税庁が発表したデータによると平成18年から平成26年の相続税の納税が必要な申告割合は4・1%〜4・4%（平均4・2%）でした（図表1-4）。それが改正後の平成27年度には8・0%まで上昇し、約2倍の申告割合となりました。

実際の相続人数で見ると平成26年は13万3310人（4・4%）

図表 1-3　相続する際に考える財産

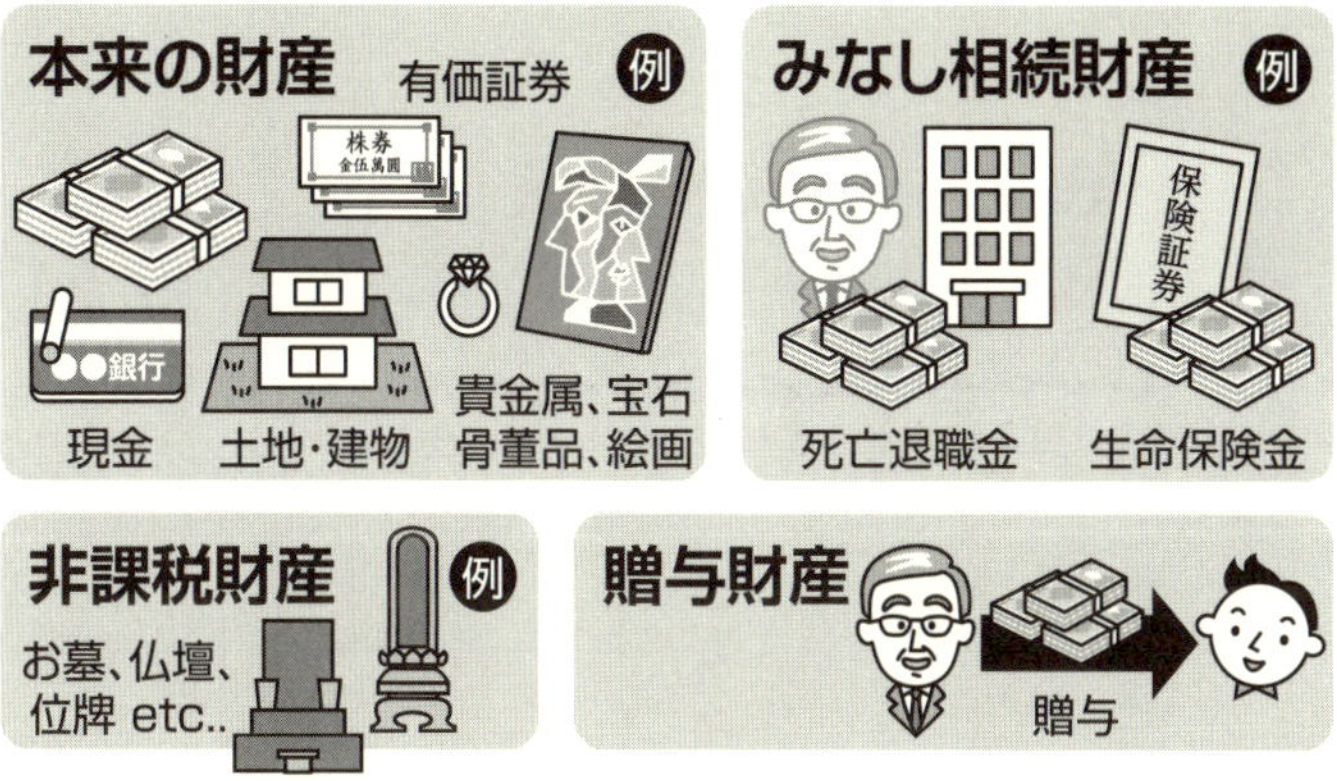

で、なんと平成27年は約2倍の23万3555人（8・0%）になりました。

相続税の基礎控除額の縮小により、明らかに相続税の対象者が増えていることを物語っています（図表1-5）。

次に、相続財産の金額の構成比は次の順で割合を占めています（図表1-6）。

それでは、相続税の基礎控除が下がったことによる影響について考えましょう。

東京23区の土地の平均坪単価（時価）は、坪約420万円／坪（平成27年）です。

相続税の算出に使われる相続税評価額は路線価をもとに計算され、それは時価の70~80%と言われていますから、ここでは相続税評価額を坪300万円としてシミュレーションしてみましょう。

図表 1-4　相続税の申告割合（国税庁発表データより）

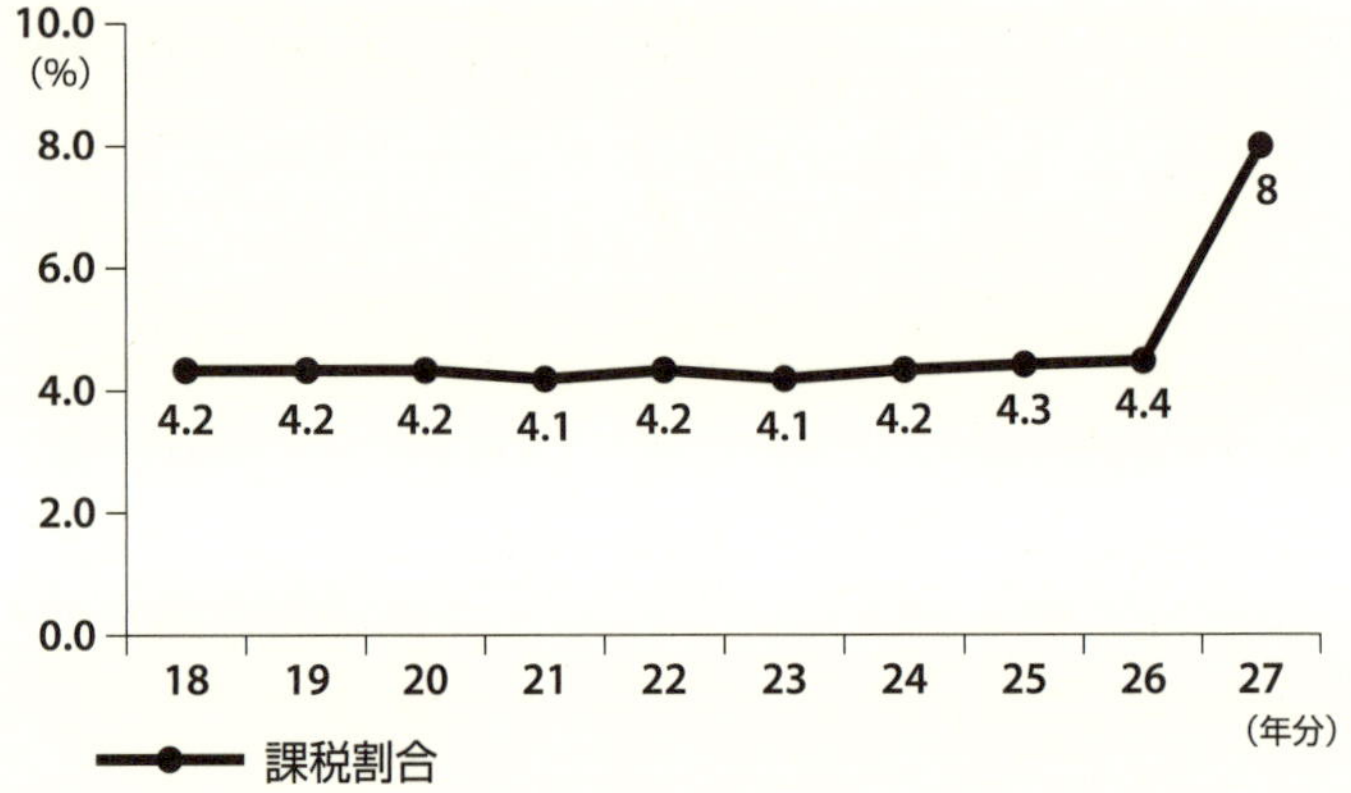

図表 1-5　亡くなった方の人数と相続税の納税対象となる財産を保有していた人数（国税庁発表データより）

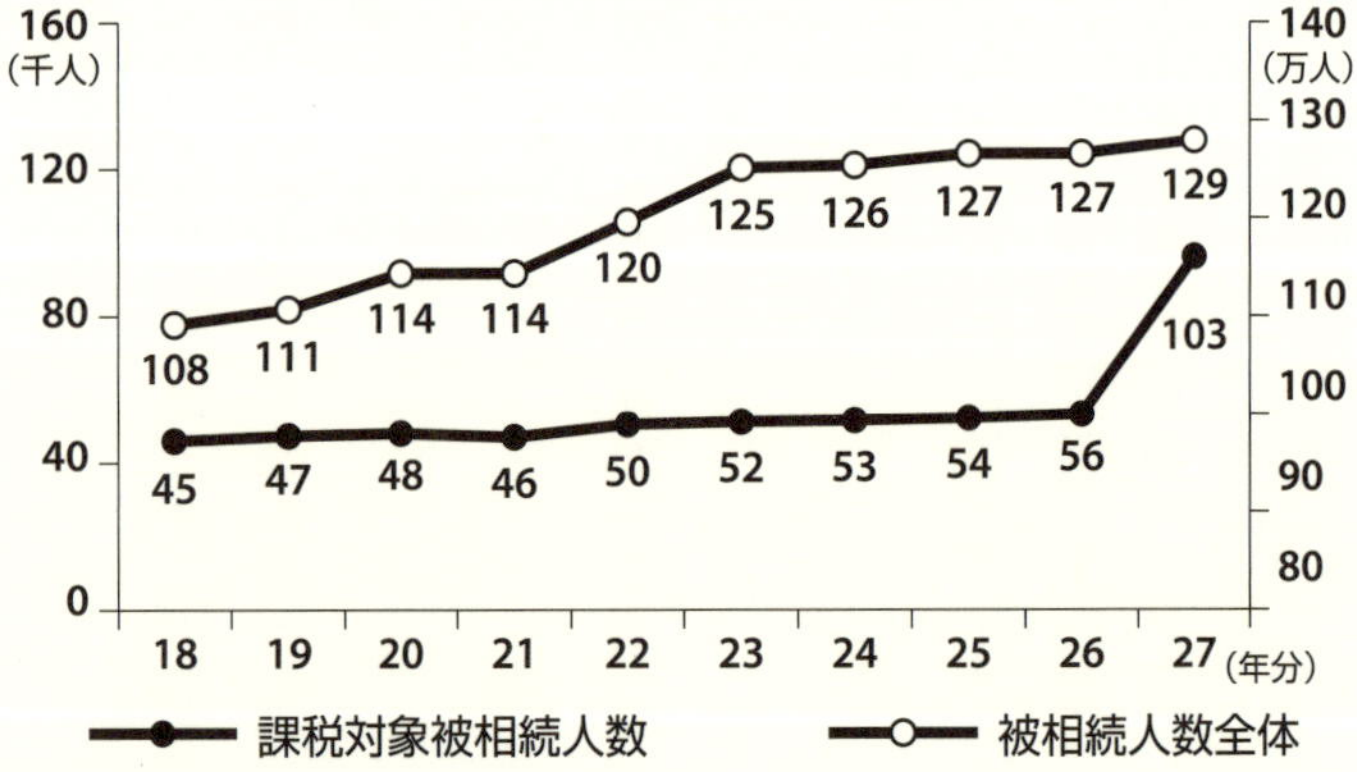

※被相続人数：亡くなった方
※課税対象被相続人数：相続税の納税対象となる財産を保有していた方

図表 1-6　相続財産の金額の構成比

	相続財産の割合	構成比
1位	土地	38.0%
2位	現金・預貯金等	30.7%
3位	有価証券	14 .9%

すると、東京23区内に15坪の土地を持っているだけで、約4500万円の資産があることになります。これに加え、預貯金その他の財産が1500万円で、計6000万円の財産があったとします。

このとき、相続人2人のケースで、法改正前と後を比べてみましょう。

〈改正前〉

相続財産6000万円 ＜ 基礎控除額7000万円

基礎控除額以下なので、相続税はかからない。

〈改正後の現在〉

相続財産6000万円 ＞ 基礎控除額4200万円

差額の1800万円に対して180万円の相続税がかかる。

今まで相続税がかからなかった人が、相続税法の改正によ

図表 1-7　相続税の基礎控除引き下げ前と後での課税割合の変化

（課税割合 8%以上の都道府県）

都道府県	26 年分	27 年分
東京都	9.7%	15.7%
愛知県	8.1%	13.8%
神奈川県	7.0%	12.4%
埼玉県	5.4%	9.9%
静岡県	5.1%	9.7%
京都府	5.6%	9.1%
奈良県	4.8%	8.9%
岐阜県	4.3%	8.7%
兵庫県	4.9%	8.4%
千葉県	4.3%	8.3%
広島県	4.4%	8.3%
大阪府	5.0%	8.2%

り180万円かかることになるわけですから影響はかなり大きく、税金の対象者がかなり増えているわけです。

東京都の23区内に限れば、平成27年の課税割合は15・7％（図表1-7）と、全国平均の2倍ですから、相当数（東京は人口が多いので実数はかなりの数になる）の方が「生前贈与」や「生命保険」など非課税枠の最大活用といった対策をとった方がいいということになります。

財産の分け方には、主として次の2つの方法があります。

図表 1-8　家庭裁判所への遺産分割事件（家事調停・審判）**件数と調停・容認成立件数**

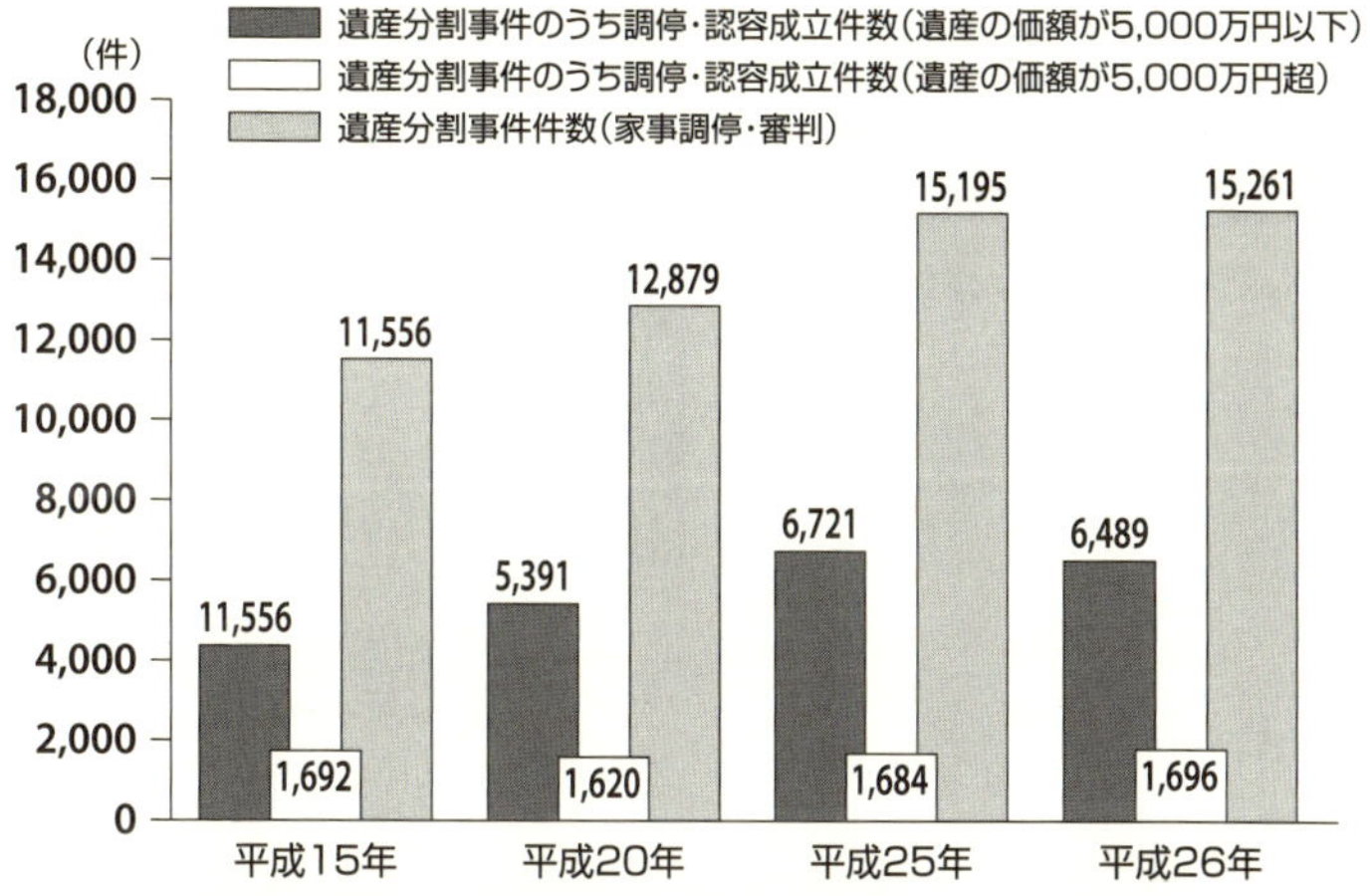

注：相続における家事調停とは、相続人等の間の遺産分割に関する争いについて、家事審判官と民間から選ばれた調停委員が間に入り、非公開の場で、それぞれから言い分をよく聴きながら、話合いによって適切で妥当な解決を目指す手続きをいいます。

最高裁判所「司法統計」より作成

・生前贈与
・遺言による遺贈

生前贈与は先に述べた通り、死亡する前に自分の財産を人に分けることです。

遺言による遺贈は、自筆証書遺言や公正証書遺言等により、死亡した後に自分の財産を人に分けることです。

相続対策の重要なポイントは、できるだけ早くから計画的に実行していくことです。年をとってから慌ててやると事を仕損じかねません。

というのは、お金が絡んでく

図表 1-9　「贈与者」「受贈者」が誰なのかによって税金の種類が異なる

贈与者	受贈者	税金の種類
個人	個人	贈与税
個人	法人	法人税
法人	個人	所得税
法人	法人	法人税

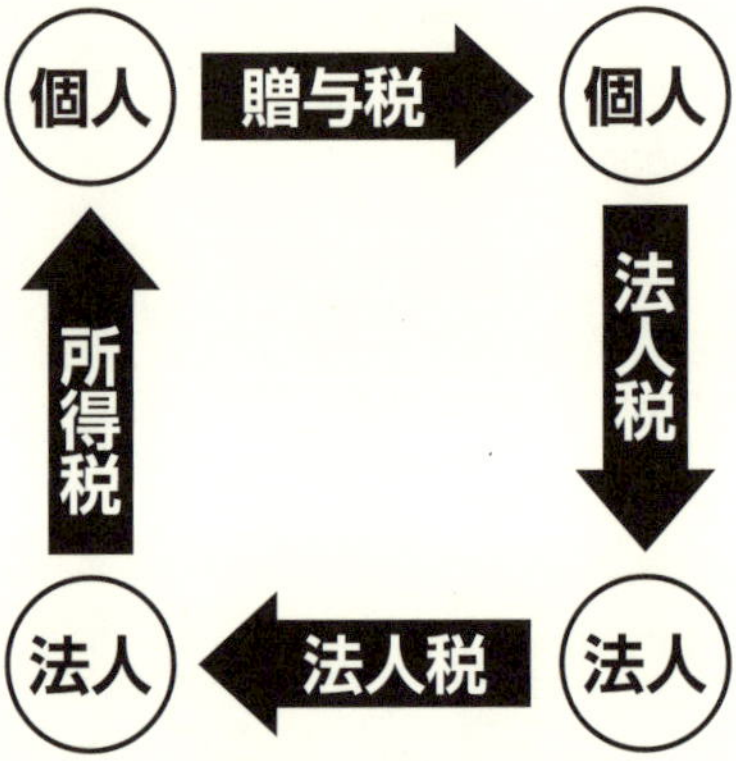

ると、いかに血が繋がっていようとも、もめ事が起こりがちなのが世の常だからです。どの親もスムーズに財産をバトンタッチして子孫の繁栄をはかるのが望みだと思いますが、遺産相続が原因で人間関係がおかしくなってしまうこともあるので注意が必要なのです（**図表1―8**）。

死んでからでは遅いのはもちろんですが、生きているうちでも体や頭の判断が弱ったりすれば相続対策はうまくいきません。

生前贈与は、生きているうち、つまり相続が発生する前に相続予定者に資産を移すことができますから、自分が元気なうちに最適な判断の下に実行することができ、それによって将来負担するはずだった相続税を軽くすることができるメリットがあります。

相続税の納税資金として用意する現金預金も

少なくて済みますから、贈与される側にとっても相続時に慌てる必要がなくなるわけです。

さて、生前贈与できる資産には以下のようなものがあります。

・現金や預貯金
・不動産：自宅、賃貸マンションや遊休地（駐車場等に利用していても可）
・有価証券：上場有価証券、自社株（同族会社の非上場株）
・ゴルフ会員権

そして、贈与時に発生する贈与税とは、個人から個人へ資産をあげたときに課せられる税金のことです（図表1-9）。

法人から個人への贈与では個人に対し所得税が、個人から法人への贈与では、法人に対し法人税がかかります。

1 贈与には3種類の契約があります

母　相続税は、亡くなったときに財産があればかかるのね。
父　そうだな。財産がなければかからないということだよ。
母　じゃあ、生きている間に息子2人に渡してしまうのはいい考えだね。
父　それは贈与税がかかるだろう。
母　贈与税？　また、税金の話？　本当にうちのワンちゃんみたいにいつもついてくるのね。
父　贈与税は相続税をサポートする税金で、特に税金が高いぞ。
母　でも贈与税って年間110万円の控除があるのよね。
父　そうだな、それを使えば相続税も安くなるし、これって節税？

生前贈与とは、相続税の節税対策の一つとして、贈与を利用するものです。
生前贈与によって、親の世代から子どもの世代へ、またその次の孫の世代へ財産を移転する。これによって相続財産を減らすことができます。

生きているうちに親が子に、または孫に財産を渡せば、子どもや孫たちの喜ぶ顔も見られます。その上、相続税も安くなるという一石二鳥の策なのですね。

でも、贈与する財産が多くなればなるほど贈与税の税率が高くなっていきます。高い贈与税を払って財産を移転するのでは意味がありませんから、賢い贈与をしていかなければなりません。

それには、相続税と贈与税のメリット・デメリットを知り、十分に検討したうえで、贈与税の分岐点を中心に対策をしていかなくてはなりません。

▼贈与とは何か?

ここで贈与をわかりやすく説明しましょう。簡単に言うと贈与とは、

〝あげましょう〟

〝はい、もらいましょう〟

図表 1-10　みなし贈与財産の具体例

債務の免除	債務者が債務を免除や他人に肩代わりしてもらった場合。ただし、債務の返済する資力が無いことが明らかな場合、返済が不可能な額については非課税です。
親族間の金銭貸借	親からの借金を返済しない、あるとき払いの催促なしなど常識的でない返済条件で、親族などから借金したとき。借金を返済しても無利息部分は贈与したとみなされます。
生命保険金	自分が保険料を負担していない生命保険金を受け取った場合。例えば、被保険者が夫で掛け金を支払っている者が妻、受取人がその子どもになっている場合です。被保険者と負担者が夫で受取人が妻の場合は相続税扱いになります。
低額譲渡	時価よりも安い価格で財産を譲り受けた場合、時価との差額に対して課税。 例えば親族間での土地売買で時価が 2,000 万円、売買価格を 200 万円としたような場合、その差額である 1,800 万円に贈与税がかかります。その他、上場株式などの低額譲渡などもあります。ここでいう時価とは、土地・建物等に関しては通常取引されている価額ですが、その他のものについては相続税評価額です。
対価なしの名義変更	代金を支払わないで不動産や株式などの名義を自分に変更してもらった場合など。
財産分与	離婚による社会通念上多過ぎる財産分与があった場合。
定期預金	受取人以外の人が掛け金を負担していた場合は贈与とみなされます。ただし、名義を借りて預金している場合は、負担していた人の預金となります。
マイホーム関連	住宅購入時の〝購入資金の負担〟と〝所有権の登記持分の割合〟が異なっている場合など。 例えば、同居する親と子で 2 分の 1 ずつ資金を出して購入した土地、建物などの登記簿上の所有者を子の単独名義にした場合。
信託の受益権	信託を委託した人以外が信託の運用益を受け取った場合。
定期金	受取人以外の人が掛け金を負担していた年金等の定期金を受け取った場合、受け取った定期金に課税。
贈与税の肩代わり	財産を貰った人の贈与税を贈与した人が支払った場合、その肩代わりしてもらった贈与税相当額にも課税。

という、たったこれだけの契約で成り立つものです。

基本的には、あげる人ともらう人の意思表示がなければ贈与は成り立ちません。ただし、お互いに意思表示がなく行われたものでも、もらう人に経済的な利益が生じている場合は、贈与税の対象となります。

たとえば、民法上の贈与財産ではありませんが、税法上は贈与税の対象となる**「みなし贈与」**のケースです（**図表1－10**）。

▼贈与の種類

生前贈与という言葉は知っている方が多いと思いますが、贈与には、大きく次の三つがあることはあまり知られていません。

生前贈与
死因贈与
負担付贈与

生前贈与は先ほど言いましたように、生きている間に、

〝あげましょう〟
〝はい、もらいましょう〟

という契約で決められる贈与です。

次の死因贈与は、

〝私が死んだらあげましょう〟
〝はい、もらいましょう〟

と、「死んだら」という条件の下、契約で決められる贈与です。

三つめの負担付贈与とは、文字通り、負担の付いた贈与です。

たとえば、

「土地や建物をあげる代わりに、住宅ローンの残債も支払ってね」
「100坪の土地を譲るけど、そのうちの20坪は駐車場として利用させてほしい」
「財産を譲る代わりに、もし私が死んだらペットの面倒を見てほしい」

といった負担条件のついた贈与がこれに当たります。

簡単に言えば、財産をあげる代わりに、もらった人に何らかの義務を負担してもらおうという約束（契約）です。

贈与で注意しなければいけないのは、書面によって行った場合は正式な契約になりますから、一方的な取り消しや撤回はできません。

「あの家はお前にやる」

と、口約束だけの場合はいつでも撤回できますが、この場合でも、引渡しがすでに完了し、不動産なら登記があった場合は取り消しはできません。

▼生前贈与と死因贈与の違いは何か？

生前贈与は、死亡する前に自分の財産を人に分け与えることです。個人の財産は、各個人の意思により自由に処分できるのが原則なのです。

そして生前贈与は、将来負担すべき相続税を軽くする目的のためにも利用できるわけです。

死因贈与とは、あげる人の死亡によって効力を生ずる贈与です。生前贈与と違い、**「私が死んだらあげましょう」**と、贈与する人の死亡を前提とした約束です。ただ、贈与といっても税法上は相続税の範疇で扱われますから、相続税を軽くする効果はありません。

▼遺贈と死因贈与の違いとは？

遺言書による相続を「遺贈」と言いますが、この場合、遺言者が遺言書に、

「私の財産については、Aに相続させる」


というような一方通行な意思表示をすれば成立します。

被相続人の死亡後、法定相続人以外の人が被相続人の財産を受け取るためには、遺言書で遺贈を受けていなければ、基本的には財産を譲り受けることはできません。いくら生前に財産をあげると言われていたとしても、証拠がない以上、相続人ではない方が財産を受け取る

ことは難しいのです。

死因贈与は、〝私が死んだらあげましょう〟〝はい、もらいましょう〟というお互いの意思が合致することによって成立します。

つまり、贈与者の死亡によって効力を生じ、遺言書の内容を先に約束したようなもので、遺贈と似ています。ですから民法や税法では、死因贈与は遺贈に関する規定に従うとされ、相続税の範疇に入ってしまうわけです。

▼負担付贈与

負担付贈与を行う上で押さえておきたいことは、贈与で財産をもらった人に発生する贈与税が他の贈与とは少し違ってくる点です。

負担付贈与を受けた人は、贈与を受けた財産の価額から負担すべき債務の金額を差引いた額の贈与があったものとして、その金額を基準に贈与税額が算出されます。

そして、「贈与を受けた財産」の価額については、財産の種類によって評価の仕方が異なってきます。

特に、土地や建物等の不動産の場合、相続の場合のように時価に比べて評価額が低く算出される相続税評価額ではなく、実際の取引価額である「時価」で評価されますから注意が必要です。聞きなれない負担付贈与のポイントを整理しますと、次のようになります。

- 財産の時価と負担した債務との差額に贈与税がかかります。
- 評価が時価評価なので、節税効果のメリットはほとんどありません。
- 贈与した人に譲渡所得税がかかることもあります。

2 遺贈では第三者にも財産を贈れます

母　○○さんのところ、相続でもめたんだって。
父　ほう、財産がたくさんあったのか？
母　亡くなった人の面倒を次男の嫁にみてもらっていたみたいね。
父　それは大変だったろうね。
母　でも四十九日が終って遺産の分割の話し合いになると、長男が財産の要求をしたの。

父　次男のほうは自分の嫁が面倒をみたのだから、少し考えてよと思うだろうな。
母　その通り。でも、長男は〝それはそれ〟と言って、話がこじれたみたいなの。
父　困ったもんだね。うちもそうならないように、遺産の分割を考えておかないといけないな。

親を大切にしたい気持ちはあっても、年老いた親の生活の手伝いはなかなか大変なものです。それに、昔のように必ずしも長男の嫁が嫁ぎ先の親の面倒をみるとは限りません。次男の嫁がみたり、長女だったり、今ではよくある話です。「私もお母さんの面倒をみたけど、つらい時もあったわ」という方もいらっしゃると思います。

また、長男が不幸にも親より先に死亡した後に、その長男の妻が亡夫の親の世話をしているようなケースもあり得ます。

この場合、法律では孫が代襲して相続人となるのですが、親としては嫁にも財産を残してあげたいと思うのが自然な感情でしょう。ただ、長男の嫁には相続権がありませんから、何もしなければただ苦労のかけっぱなしで、報いることができません。

そこで、長い間尽くしてくれた長男の嫁に財産を残してあげたいと思うなら、遺言書を書き残すことで、感謝の気持ちとともに財産を渡すことができます。

図表 1-11　遺贈の仕方

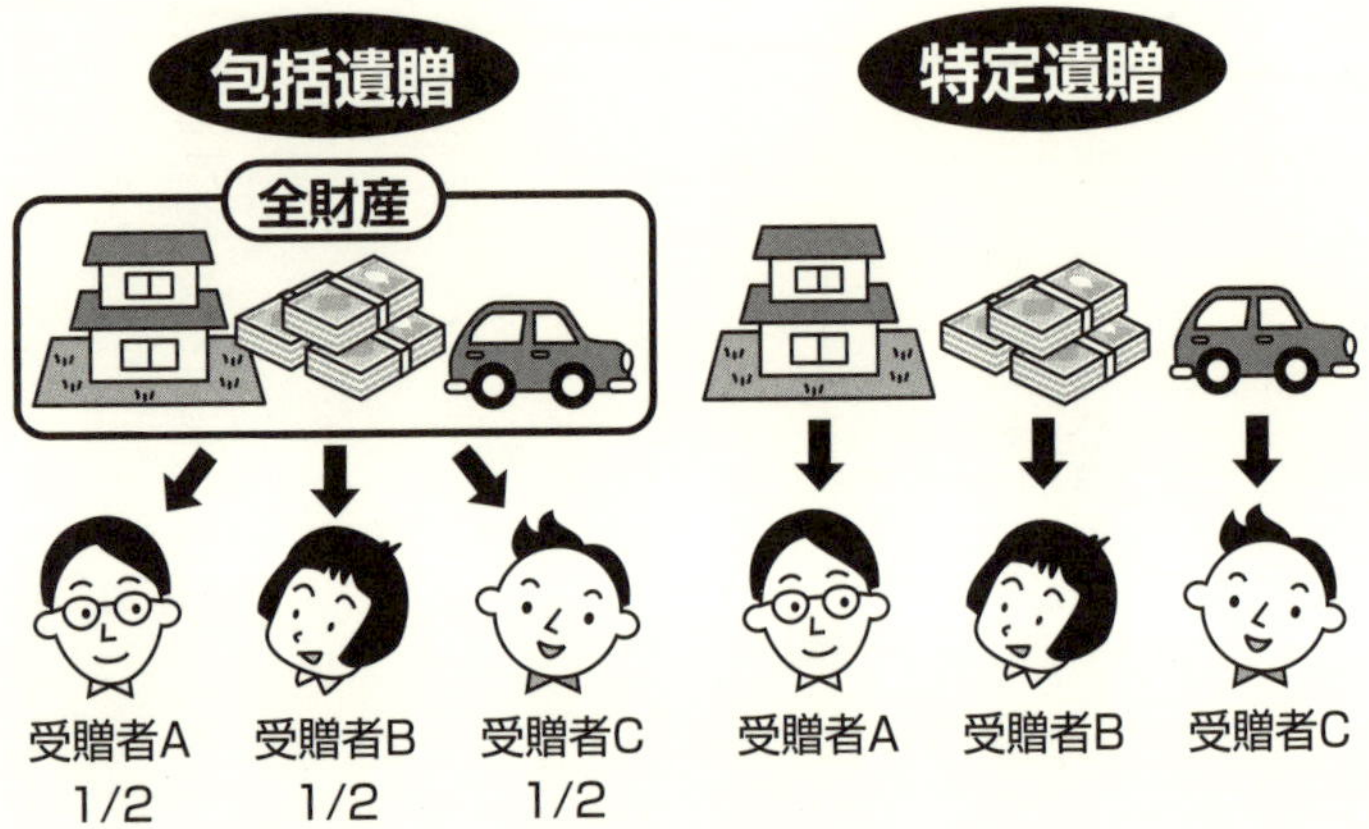

遺言書は、最後に残す心の手紙です。感謝の気持ちや自分の意思を綴り、遺産分けでもめないように書くこと。これが非常に大切です。

こうした遺贈では、遺言書に書き記すことにより、相続人以外の第三者に財産を贈ることもできます。

▼特定遺贈と包括遺贈

遺言者が財産の全部または一部を、遺言により処分することを**「遺贈」**と言い、遺贈を受ける者を**「受遺者」**と言います。

遺贈には**「特定遺贈」**と**「包括遺贈」**の二種類があります（図表1-11）。

特定遺贈とは、特定の具体的な財産を遺贈することです。

不動産を持っている人なら、

「土地はAに、建物はBに」

というように、特定の財産を指定して与えることを特定遺贈と言って、次のようなケースに分けられます。

●特定物の遺贈

特定の不動産や動産を遺贈

●不特定物の遺贈

種類と数量のみを指定する種類物の遺贈と金銭の遺贈

●特定物の選択的遺贈

200坪の土地のうち150坪を遺贈といったケース

特定遺贈のメリット

・債務については、特に指定がない限り負担する義務がありません。

・相続人が受遺者の場合は不動産取得税がかかりません。

特定遺贈のデメリット
・相続人以外が遺贈された場合は、受遺者に不動産取得税がかかります。
・遺留分を侵害した遺贈はトラブルの原因になる可能性があります。

次に包括遺贈ですが、これには次の2種類があります。

・**単独包括遺贈**（財産全体に対する割合で与える分を指定する）
「遺産の全部をAに」

と、遺産の全部を一人に遺贈する方法です。

・**割合的包括遺贈**（一定の割合で遺贈）
「遺産の3分の1をAに」

と、遺産の全部又は一部を一定の割合で遺贈する方法です。

包括遺贈のメリット

・受遺者は相続人と同等の立場に立ち、遺産分割協議に参加できます。
・受遺者に不動産取得税はかかりません。

包括遺贈のデメリット

・受遺者は債務についても指示された割合だけ負担する義務があります。
・遺留分を侵害した遺贈はトラブルの原因になる可能性があります。

特定遺贈と包括遺贈のどちらがよいですか？

特定遺贈の方がおすすめです。包括遺贈では、指定の配分割合になるように相続人で分割の協議をしなければならないからです。

法定相続分と異なる配分になるので、もめるケースが多いと思われます。包括遺贈にするくらいなら遺言を書かない方がいいのではないでしょうか。

▼〝相続させる〟と〝遺贈する〟の違いは非常に大きい！

遺言書に「私が死んだら私の土地を相続人Aに相続させる」と記載すると、その遺言書で指定された相続人が単独で登記できます。

これに対し「私が死んだら私の土地を相続人Aに遺贈する」と記載すると、受遺者に指定された方でも単独で登記することはできず、他の法定相続人と共同で登記申請をすることになります。

このため法定相続人全員の印鑑証明書などが必要で、手間と費用と時間がかかります。

もちろん、『○○○○に遺贈する』と記載していても無効にはなりませんが、不動産の相続の場合、相続人に対しては『相続人○○○○に相続させる』と記載していた方がスムーズに簡単に手続きができるのです。

さらに、不動産を登記するときの登録免許税ですが、「遺贈する」とした場合は、不動産価格の2％。しかし「相続させる」とした場合は、0・4％と安くなります。ただし、「遺贈する」とした場合でも、相続人であることを証明する戸籍謄本などがあれば0・4％となります。いずれにしても相続の方が面倒がありません。

不動産取得税も、「相続させる」とした場合と、相続人に対して「遺贈する」とした場合は非課税ですが、相続人でない人に「遺贈」した場合は不動産取得税が課税されます。

▼遺留分の帰属、割合、算定方法は？

ある相続人が、当然自分が財産を引き継ぐことになると思っていたところ、遺言書で次のようなことが書かれていたとしたらどうでしょうか？

「遺産はすべて友人のAさんに相続させる」

法定相続人であるその人はショックでしょうし、気の毒な感じもします。

こうした状況を緩和するために設けられているのが遺留分というもの。相続人が最低限相続できる財産の割合を言います。

遺留分の権利を持つ人は、「兄弟姉妹を除く」法定相続人です。

被相続人の配偶者と子（いなければ孫）
父母（いなければ祖父母）

図表 1-12　遺留分の具体例

事例 1

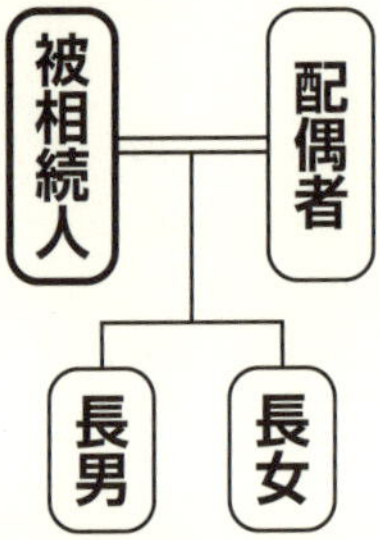

相続人	相続分	遺留分
配偶者	1/2	1/2×1/2=1/4
長男	1/2×1/2=1/4	1/4×1/2=1/8
長女	1/2×1/2=1/4	1/4×1/2=1/8

事例 2

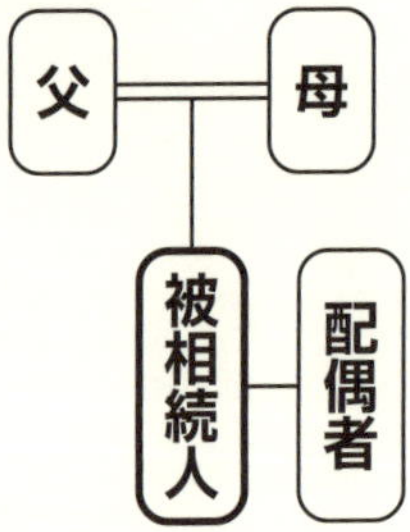

相続人	相続分	遺留分
配偶者	2/3	2/3×1/2=2/6
父	1/3×1/2=1/6	1/6×1/2=1/12
母	1/3×1/2=1/6	1/6×1/2=1/12

事例 3

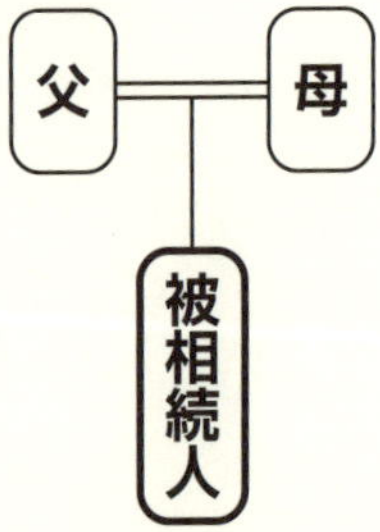

相続人	相続分	遺留分
父	1/2	1/2×1/3=1/6
母	1/2	1/2×1/3=1/6

に対し、遺留分が確保されます。

遺留分は法律上その取得が保障されているものなので、生前贈与や遺言でもこの権利は原則として侵害できません。

遺留分は、直系尊属（父母、祖父母など）のみが相続人の場合には相続財産の3分の1、それ以外の場合（配偶者、子どもなど）には、2分の1が保障されています（**図表1-12、事例1、2、3**）。

遺留分の対象となる財産は、被相続人の死亡時の相続財産だけでなく、生前に贈与した次のものも含まれます。

①相続開始前1年以内の贈与財産
②遺留分を侵害することを双方が承知の上で贈与した財産
③相続人に対する一定の財産（特別受益）

被相続人の生存中に、すべての財産を贈与してしまった場合、遺留分の制度が骨抜きにな

図表 1-13　配偶者と子供2人の場合の遺留分

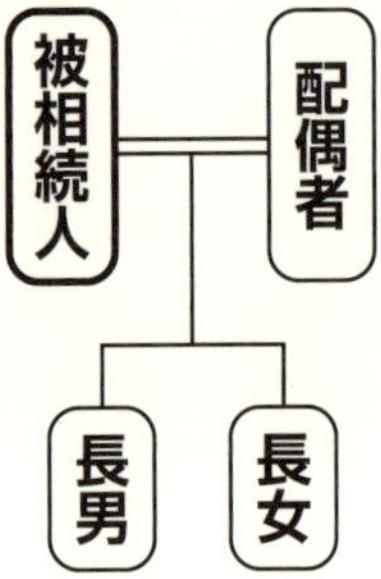

相続人	相続分	遺留分
配偶者	1/2	1/2×1/2=1/4
長男	1/2×1/2=1/4	1/4×1/2=1/8
長女	1/2×1/2=1/4	1/4×1/2=1/8

ってしまいます。そこで、被相続人の死亡の日から逆算して1年以内の贈与は、誰に対する贈与であっても遺留分の対象財産に取り込まれます。

また、相続開始前1年より前の贈与でも、②に該当する場合は遺留分の対象財産になります。

③は相続人に対する贈与のことで、特別受益と呼ばれるものです。たとえば、被相続人が子どもに住宅取得資金を贈与していた場合などがこれにあたります。

▼遺留分が侵害された場合は？

被相続人が死亡したとき、財産が300万円あり、半年前に長男に対して700万円の生前贈与があったとします。

遺留分算定の基礎となるべき財産は1000万円となります。相続人の遺留分の全体は、1000万円の2分の1である500万円となります。

図表1-14　請求することのできる財産の順位

第1順位	遺贈	遺贈から最初に減殺します。なお不足があれば贈与から減殺します。
第2順位	贈与	贈与には、死因贈与と生前贈与があります。判例によると、死因贈与は通常の生前贈与よりも遺贈に近い贈与であるとしています。遺贈に次いで、死因贈与が先に減殺対象となります。

そして、遺留分権利者が複数いる場合、全体の遺留分の率に、遺留分権利者各々の法定相続分の率を乗じたものが個々の遺留分権利者の遺留分となります（図表1-13）。

よって、事例のケースでは、個々の遺留分権利者の遺留分は、

配偶者250万円：（300万円＋700万円）×4分の1
長男・長女125万円：（300万円＋700万円）×8分の1

ということになります。

そして、実際に受けた相続の金額は、配偶者100万円、長女50万円とすると、遺留分との差額である、

配偶者150万円：（250万円－100万円）
長女75万円：（125万円－50万円）

について、長男に対して生前贈与されたうちの700万円から取り戻すことができます。

これを**「遺留分の減殺《げんさい》」**と言います。

遺留分の減殺を請求するためには、特別な手続は必要なく、配達証明付きの内容証明郵便などで遺留分権利者が各自で請求することができます（図表1－14）。

3 相続人予定の人は、若い時にもらう方がトクな2つの理由

夫　親父は税金が嫌いで、いつもぶつぶつ言っているんだ。
妻　あら、そうなの。

夫　昔、税務署ともめたみたいで……。
妻　え、あんなに温厚なあなたの親父さんがウソみたい。
夫　そうなんだよ。
妻　ところで、何でもめたの？
夫　確か、早く子どもに財産を移しておけば良かったと……。贈与って早いうちにやっておいたほうがトクになるらしいね。
妻　へえーそうなの。それなら、今のうちから私たちも贈与の制度を勉強しておかないといけないわね。

生前贈与は、自分の死亡後に自分の意思で財産を分ける「遺言」と違って、生前に行えることで、親から子どもへ早めに財産を移転させることができるというメリットがあります。

しかし、相続税の基礎控除額を超える多額の財産を持っている場合、生前にすべての財産を贈与によって移転させることで、相続税から完全に逃れることもできてしまいます。

そこで生まれたのが贈与税だったという話は先にもしましたが、それゆえ基本的に、贈与に対しては高い税率が設定されています。

ただし、それでも私が生前贈与の検討をおすすめするのは、贈与税の非課税枠やさまざまな制度を計画的に活用することで、経済的負担をうまく回避しながら、スムーズに財産のバトンタッチを行うことが可能となるからです。

▼メリット1　経済的に大きなメリット

早く贈与を受ければ、もらう人にとって経済的に大きなメリットになるのは当然のことです。

また、子どもがお金が必要なときに、親から贈与があったとしたらどうでしょうか？　親にとって子どものためにお金が役立つことはもちろん嬉しいことです。子どももお互いに感謝し、〝ありがとう〟を生む生きたお金になります。

生前贈与には、次のような使い道があります。

・住宅購入資金への充当
・住宅ローンの返済原資
・子どもへの教育資金
・相続税の納税資金の準備

・経済的事情のある人への援助

▼メリット2　高収益を生む収益物件の贈与

収支のよい賃貸マンションなどの収益物件は、その収益が現金・預金などの相続財産として膨らんでいきます。

そこで、早めにそうした収益物件を親から子どもへ贈与することにより、その収益分が相続人である子どもに財産が移転され、相続財産が減少することで相続税対策になります。その上、子どもの現金・預金などが増加して、納税資金の確保にもつながるわけです。

4 もめない相続にするための贈与の3つのポイント

夫 この間、親父、お金を子どもや孫たちにあげるって言っていたな。
妻 確か銀行の定期預金が満期になったお金があったみたいよ。
夫 誰にどれくらいあげると言っていた？
妻 それは聞いていないわ。
夫 そうか。皆に平等に分ければいいけどな。
妻 そうね。もめるのは嫌だし……。
夫 世間では、生前にあげた、もらったということで、もめるみたい。
妻 うちはそうなりたくないものね。

図表 1-15　家族構成例

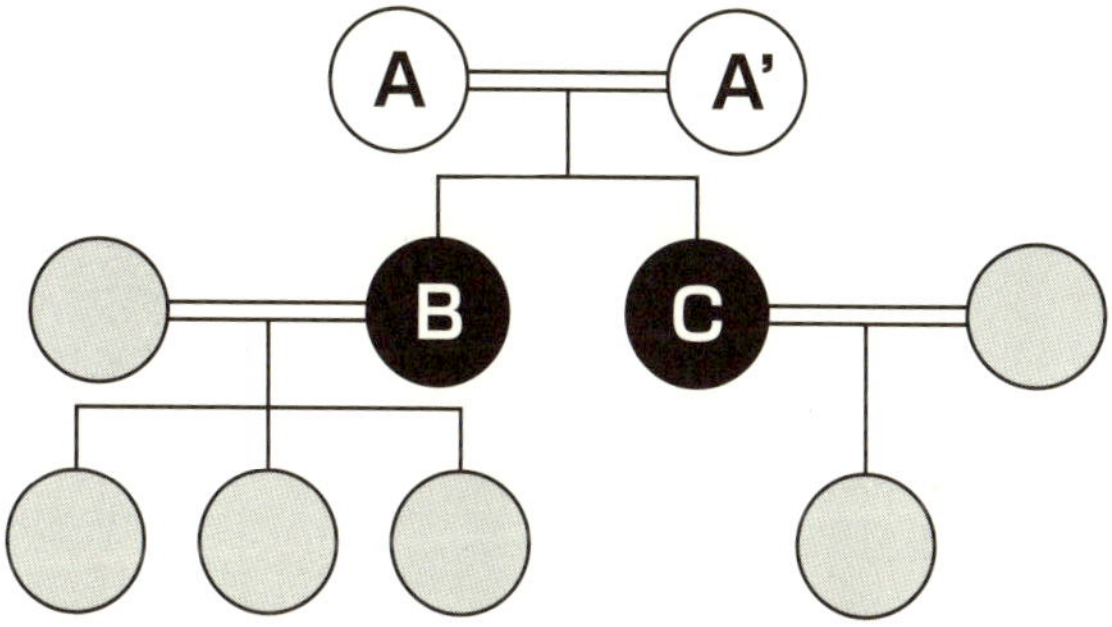

▼公平になるように贈与する

家族構成が図表1―15のようだったとします。

Bさんの家族は5人、Cさんの家族は3人です。

たとえば、Bさんの家族、Cさんの家族の各人に100万円を贈与すると、

Bさんの家族は5人に計500万円

Cさんの家族は3人に計300万円

となります。

そうなると、Cさんの家族はどう思うでしょうか？

一人あたりの贈与額は平等ですが、家族単位で考えると不公平感が出てトラブルになりかねません。

このような場合、家族単位ごとに全体の金額を、たとえば、〝一家族500万円〟にするなど工夫して実行す

るのも一つの方法です。

贈与は公平になるように検討することをおすすめします。

▼遺産分割の代わりに

生前贈与は、相続が発生してから相続人同士で遺産分割の話し合いをさせるのではなく、親の意思で事前に分割させるという意味合いを持ちます。

当然、遺言を使った遺贈でも親の意思で同様のことはできます。ただ、遺言の場合は、それが親の意思であっても一方的なのでうまく伝わらないこともあり、もらう側が取り消しをして放棄することもできてしまいます。生前贈与の場合、

親の意思として〝あげましょう〟
子どもが〝はい、もらいましょう〟

ということで、贈与する理由や気持ちを直接伝えることもできます。

したがって、大きく違うのは、生前贈与ならば、ご本人が結果を見届けることができると

いったメリットが生まれ、親子共々〝ありがとう〟という感謝の念を持つことになることでしょう。

生前贈与は遺産争いを予防するのに効果的なのです。

▼〝もらえるか〟〝もらえないか〟わからない財産を生前贈与で確定する

子どもにとっても遺産の分割については不安があるものです。

親に万が一のことがあったとき、本当に遺産の分割がスムーズにできるのか？

遺言を書き遺してくれているのか？

生前贈与は、贈与税が高額となる場合が多いため躊躇《ちゅうちょ》される方もいますが、それでも生前贈与を行うメリットは確実にあります。

相続が発生し、特に遺言がなかった場合、遺産をめぐって話し合いがうまくいかず、相続人同士で争いになることがあります。

生前贈与は、相続発生生前に特定の人に財産をあげることで、自分の死亡後の争いをできるだけ防ごうとする役目を担っています。親族間の争いを避けるという点でメリットがあります。

また、税金面でのメリットとして、生前に財産を贈与することで、将来負担すべき相続税を軽くすることが可能となるわけです。

第1章のまとめ

- 相続は、〝生前に私が死んだら誰に財産をあげるか〟を何も決めていないということです。
- 贈与は、〝あげましょう〟〝はい、もらいましょう〟という契約で成り立ちます。
- 贈与には大きく〝生前贈与〟〝死因贈与〟〝負担付贈与〟の3種類があります。
- 生前贈与は、生きている間に〝あげましょう〟〝はい、もらいましょう〟という契約で決まります。
- 死因贈与は、〝私が死んだらあげましょう〟〝はい、もらいましょう〟ということを契約で決めているということです。
- 負担付贈与は、負担の付いた贈与で、贈与する代わりに、もらった人に、何かしらの義務を負担してもらおうという契約です。

●遺贈は〝生前に私が死んだら誰に財産をあげるか〟を遺言で決めていることです。

●〝相続〟で財産をもらえる人は法定相続人に限定されています。しかし〝贈与、遺贈〟は、財産をもらえる人は第三者でもかまいません。

図表 1-16　財産の移転による税金の相違

財産をあげるときに

亡くなっている

●相続税がかかるケース

		財産をもらえる人
相続	生前に亡くなった人が「私が亡くなったら、誰に財産をあげるか」を決めていない	**法定相続人**
遺贈	生前に亡くなった人が「私が亡くなったら、誰に財産をあげるか」を遺言で決めていた	**第三者でもよい**
死因贈与	生前に亡くなった人が「私が亡くなったら、誰に財産をあげるか」を契約で決めていた	**第三者でもよい**

生きている

●贈与税がかかるケース

		財産をもらえる人
生前贈与	契約で「誰に財産をあげるか」を決めていた	**第三者でもよい**

図表 1-17　生前贈与の使い方一覧

項目	目的	内容
住宅資金等の贈与	ローンの肩代わり 資金援助	子どもの経済的な生活が楽になる。 住宅資金（リフォームも可）なら非課税。
賃貸住宅の贈与	収益力の移転	期間利益が大きい。 親から子への収益の移転により親の所得税が軽減。 子の相続税支払い原資が確保。
家督相続	紛争防止	後継者を決め、その他の相続人へ一定の金額を贈与し、遺留分を放棄させて、遺言書で決定させる。
事業承継	後継者の決定	株式を後継者に集中させる。 株式の移転。 他の相続人に一定金額を贈与し、遺留分を放棄させる。
要介護者からの贈与	介護した人への感謝	介護してくれた人に財産を贈与する。
相続人の中で弱者への贈与	生活補助及び支援	早期に財産移転することで経済的安定を図る。
特殊事情のある相続人への贈与	生活補助及び支援紛争防止	先妻の子、非嫡出子、再婚者等の経済的安定を図る。相続後ではもめるので事前防止策。

図表 1-18　現金と不動産贈与の有利・不利

	不動産	現金
証拠	残しやすい （登記するため）	残しにくい （契約書があれば別）
手続き	複雑	簡単
諸費用	必要（高額な場合も）	ほとんど不要
物価上昇時	有利	不利
物価下落時	不利	有利
将来への効果	将来の収入の事前移転	もらった分だけ移転

第2章

2つある生前贈与のやり方

——暦年課税制度と相続時精算課税制度

坂本龍馬の名言に、

「人間というものは、いかなる場合でも好きな道、得手の道を捨ててはならんものじゃ」

というのがあります。

どんな職業についてようが、どんな仕事をしてようが、自分の好きなこと、得意なことを忘れてはいかんぜよ、ということを気づかせてくれる名言です。

好きなことを仕事にすることは容易なことではありませんが、得意なことを仕事にすることは容易です。

また、「知恵と力は重荷にならぬ」という言葉もあります。

知恵と力はどんなにたくさんあっても決して多すぎることはなく、あればあるほどよいということです。


生前贈与をよく理解して行動に移すことが、スムーズな資産のバトンタッチになっていくはずです。

昔から、

「相続が3代続けば財産がなくなる」

「美田を子孫には残すな」

とよく言われます。

しかし、自分が先祖から受け継いできた財産や自分がつくってきた財産は、子どもに残してやりたいと想うのが親心ではないでしょうか？

そのため、相続税の負担を少しでも軽くする節税対策がとられています。

まずは、生前贈与の基本的なところから押さえていきましょう！

1 贈与税は2種類のうちから選択

夫　贈与税は、税金が日本で一番高いってどこかで聞いたけど。
妻　あらそうだったの。
夫　税率が55％もかかるみたい……。
妻　え、ウソみたい。半分も税金で持っていかれるの？
夫　大きいよなあ。
妻　税率が55％というのは最高にかかる場合じゃないの？

夫　そうかなあ……。
妻　きっとそうよ、そうじゃなかったら誰も贈与なんてしないし。贈与でトクする制度があるからやる人がいるのよ。

▼大きく2つの方法がある生前贈与。非課税制度も充実

生前贈与では、

暦年課税制度……1年間110万円の基礎控除がある制度
相続時精算課税制度……必ず相続時に精算を行う制度

のうち、贈与税を申告するときにどちらか一方の制度を選ぶ必要があります。

どちらが有利かは、財産の保有状況や家族構成などにより異なりますから、2つの制度のメリット・デメリットを把握してから選ぶ必要があります。

暦年贈与制度を選択する場合は、長期に、かつ計画的に贈与を行うことがポイントになり

ます。

ポイントは、本当に贈与があったかどうかを第三者である税務署などが認めてくれるかどうかです。なお、「相続時精算課税制度」を一度選択すると「暦年課税制度」への変更はできませんので、慎重に進める必要があります。

贈与税の税制には、非課税の有利な制度が以下の通りあります。

- 贈与税の配偶者控除
- 住宅取得資金贈与に係る非課税措置
- 教育資金一括贈与に係る非課税措置
- 結婚・子育て資金一括贈与に係る非課税措置

これらの特例は、暦年課税制度、相続時精算課税制度のどちらを選んでも適用があります。

相続の場合、本人が亡くなった後、遺言書や遺産分割協議により財産が移転しますが、生前贈与では、本人の意思によって何時でも、誰にでも、何回も、財産を自由に移転することができます。

生前に上手に移転することにより、財産を活かしあい、幸せ感をもって継承することもで

図表 2-1　贈与税の計算式（暦年贈与）

（1）贈与税の課税価格

贈与により取得した財産の価値 － 贈与税の基礎控除額（110万円） ＝ 課税価格（千円未満切捨て）

（2）贈与税額の計算

課税価格 － 贈与税の税率 ＝ 贈与税額（百円未満切捨て）

課税価格（基礎控除後）	一般		父母・祖父母から20歳以上の子ども、孫へ	
	税率	控除額	税率	控除額
200万円以下	10%	―	10%	―
300万円以下	15%	10万円	15%	10万円
400万円以下	20%	25万円		
600万円以下	30%	65万円	20%	30万円
1,000万円以下	40%	125万円	30%	90万円
1,500万円以下	45%	175万円	40%	190万円
3,000万円以下	50%	250万円	45%	265万円
4,500万円以下	55%	400万円	50%	415万円
4,500万円超			55%	640万円

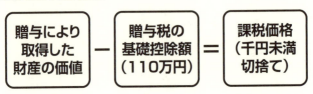

きますから、財産を値千金の生き金にすることもできるわけです。

それではまず、暦年贈与で課税価格がどのように計算され、贈与税がどのようにかかってくるかを表で見てみましょう（図表2－1）。

たとえば、20歳の子どもが、平成29年中に父から500万円、母から300万円、祖父から200万円の合計1000万円の贈与を受けた場合の贈与税額は次のとおりです。

1000万円－基礎控除110万円＝890万円

890万円×30％－90万円＝177万円

▼贈与税と相続税の実質負担率の比較

贈与税は相続税を補完するという性格から、同じ課税価格なら相続税より税金の負担が大きくなるようになっています。

こう書くと、贈与は損だと思われるかもしれません。ただ、財産というものは、将来もずっと現在と同じ評価額であるわけではありません。

図表 2-2　A さんの財産額

財産	時価
現預金	5 千万円
土地	2 億 5 千万円
合計	3 億円

相続税の場合は被相続人の死亡後の評価額ですが、生前贈与の場合はいつでもできるわけですから、評価額の低いうちに贈与すれば、実質的に有利になることがあります。

そこで、贈与分岐点を活用して、将来相続税評価額が高くなると思われるもの、たとえば、土地、有価証券等なら評価額が低いうちに贈与することが非常に有効になります。

その分岐点を知るには、まず、相続税額を算出します。その後に贈与したいものに対する贈与税の実質負担率を出します。その贈与税の実質負担率が、相続税の実質負担率以下ならば有利になるわけです。具体的なケースで見てみましょう。

▼Aさんの相続税額と実質負担率

〈家族構成〉妻と子ども2人

① 妻が財産の2分の1を相続（配偶者控除を適用）したと

きの相続税額

（財産額）3億円－（基礎控除）4800万円＝（課税価格）2億5200万円

（1）2億5200万円×（妻の法定相続分）1／2×（税率）40％－（控除額）1700万円＝3340万円

（2）（2億5200万円×（子どもの法定相続分）1／4×（税率）30％－（控除額）700万円）×2人＝2380万円

相続税額（3340万円＋2380万円）×1／2（配偶者控除）＝2860万円

②妻が財産を相続しない場合の相続税額

（財産額）3億円－（基礎控除）4800万円＝（課税価格）2億5200万円

（1）2億5200万円×（妻の法定相続分）1／2×（税率）40％－（控除額）1700万円＝3340万円

（2）（2億5200万円×（子どもの法定相続分）1／4×（税率）30％－（控除額700万円）×2人＝2380万円

相続税額3340万円＋2380万円＝5720万円

①の実質負担率　2860万円÷3億円＝9・5％

図表 2-3　贈与額別にみた贈与税額と平均税率

年間の贈与金額（基礎控除前）	一般		20歳以上の子ども、孫へ	
	贈与税額（単位:千円）	平均税率（単位:%）	贈与税額（単位:千円）	平均税率（単位:%）
200万円	90	4.5	90	4.5
300万円	190	6.3	190	6.3
400万円	335	8.3	335	8.3
470万円	470	10.0	440	9.3
500万円	530	10.6	485	9.7
520万円	580	11.1	520	10.0
600万円	820	13.6	680	11.3
700万円	1,120	16.0	880	12.5
800万円	1,510	18.8	1,170	14.6
900万円	1,910	21.2	1,470	16.3
1,000万円	2,310	23.1	1,770	17.7
1,500万円	4,505	30.0	3,660	24.4
2,000万円	6,950	34.7	5,855	29.2
3,000万円	11,950	39.8	10,355	34.5
4,000万円	17,395	43.4	15,300	38.2
5,000万円	22,895	45.7	20,495	40.9

図表 2-4　相続税の速算表

法定相続人の取得金額	税率	控除額
1,000 万円以下	10%	―
3,000 万円以下	15%	50 万円
5,000 万円以下	20%	200 万円
1 億円以下	30%	700 万円
2 億円以下	40%	1,700 万円
3 億円以下	45%	2,700 万円
6 億円以下	50%	4,200 万円
6 億円超	55%	7,200 万円

②の実質負担率　５７２０万円　÷　３億円　＝　19・０％

ここで、実質負担率を配偶者控除前の19・０％で考えるべきか、配偶者控除後の９・５％で考えるかについては家庭の状況によっても違ってきますが、一般的には配偶者控除後の９・５％で考えます。

そうすると、相続税の実質負担率９・５％に最も近い贈与税の実質負担率を、負担率表（図表２―３）により探すと、４７０万円から５００万円となります。

Aさんの場合、この金額以下を1年間に贈与することが有利となります。

このように、贈与分岐点を活用して贈与を行えば贈与税の負担を加算しても、なおかつ、贈与前の相続税額が少なくなります。

２　暦年贈与の基礎控除１１０万円を上手に利用する５つのポイント

夫　贈与税は、どうしたら安くつくのかな？
妻　それは知らないわ。
夫　何を贈与したらいいのかな……。
妻　たぶん、現金かな？
夫　そう言えば、長男が生まれたとき、親父が嬉しそうに現金をもってきたな。
妻　そうだったわね。
夫　現金は、誰にあげてもいいんだな。
妻　私も欲しいな……ハハ冗談よ。

暦年贈与制度について、注意していただきたいのは、「1年間」と「もらった人1人」の2点です（図表2-5）。

①1月1日から12月31日までの「1年間」で考えます。

Aさんから、

1月14日に100万円
7月13日に50万円

をもらったBさんは、150万円をもらったことになります。
この場合にBさんには贈与税がかかります。

②「もらった人1人」で考えます。

Aさんから100万円
Bさんから50万円

をもらったCさんは、150万円をもらったことになり、Cさんには贈与税がかかります。

③「もらった人1人」で考えます。

AさんがBさんに100万円

図表 2-5　贈与税がかかる場合

①

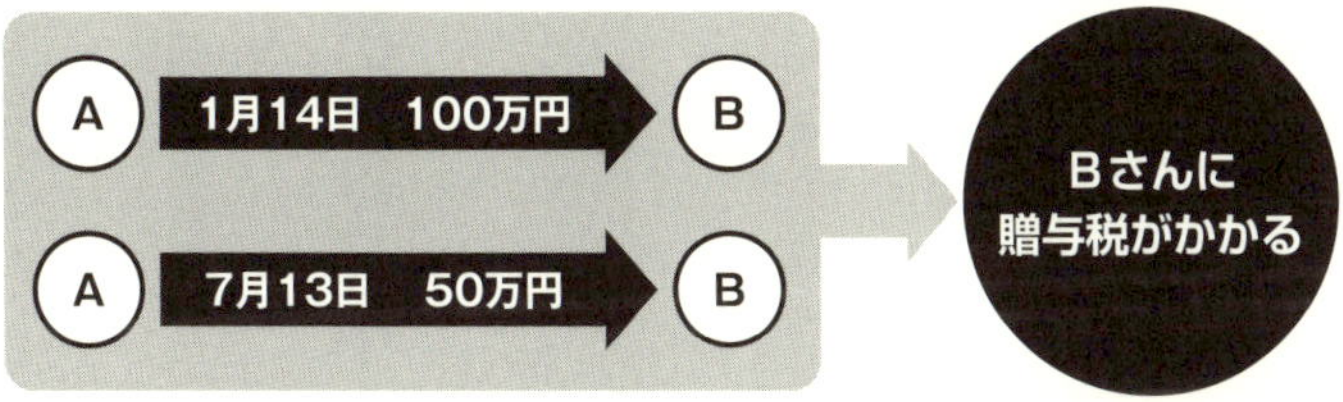

②

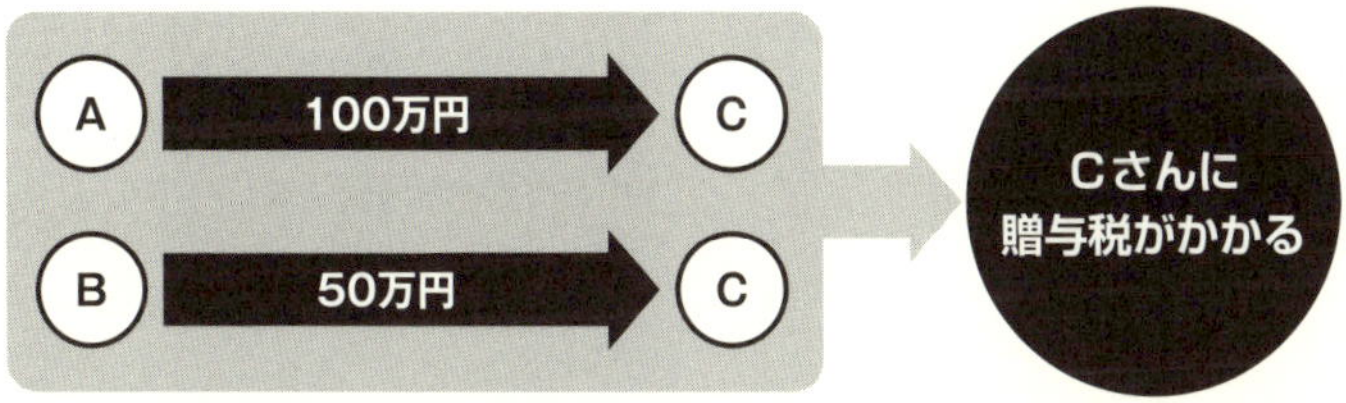

③

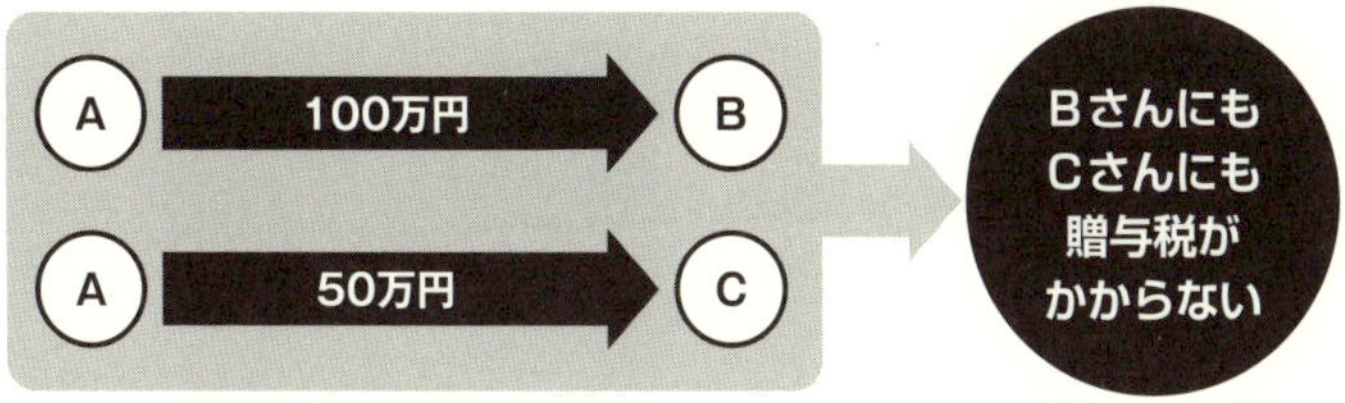

Aさんが C さんに50万円

をあげた場合はBさん、Cさんが他に財産をもらっていなければ、贈与税はかかりません。

▼贈与税の基礎控除110万円を活用する

暦年贈与制度では、年間110万円の基礎控除があります。

年間110万円までの贈与については税金がかかりません。

基礎控除110万円は、

〝1人〟に対して〝毎年〟認められています。

毎年110万円の基礎控除が使えるので、1年だけでなく毎年贈与していくと、非常に効果が出ます。

たとえば、3人に毎年110万円ずつ、10年間贈与した場合の贈与税は0円です。

これで、10年間で3300万円の相続財産を減らすことになり、財産が減った分、相続税が少なくなります。

暦年贈与では、「本当に贈与がありました」という一つの証拠として、申告して実績をつ

図表 2-6　平成 27 年 1 月 1 日以後の贈与

（20 歳以上の子ども、孫への贈与）

贈与期間　（贈与金額　3,000 万円）	贈与税
全額を 1 年で贈与した場合　3,000 万円	1,035.5 万円
3 年にわたって贈与した場合　年 1,000 万円	531 万円（年 177 万円）
5 年にわたって贈与した場合　年 600 万円	340 万円（年 68 万円）
10 年にわたって贈与した場合　年 300 万円	190 万円（年 19 万円）

くるひと工夫をしておく手があります（贈与契約書、贈与の事実も必要）。

たとえば120万円贈与し、贈与税の申告をして納税しておきます。この場合、贈与税は110万円の基礎控除を差し引いた10万円に対する税率は10％ですから納税額は1万円で済みます。

贈与税の申告をすることが証拠となります。税務署から贈与の事実を認めてもらうための知恵です。

▼贈与する人は多く、期間は長く

相続では、遺言書がなければ、財産をもらうことができる人は、法定相続人に限定されています。

しかし贈与は、法定相続人である配偶者・子ども以外の人にも財産をあげることができます。ですから、配偶者や子ども以外に、

図表 2-7　夫が妻と子ども 2 人に 10 年間、110 万円と 310 万円ずつ贈与した場合の贈与税と相続税の節税額の比較

現在の相続財産（課税価格）		2 億円	5 億円
贈与を実行しなかった場合の相続税額※		1,350 万円	6,555 万円
3 人に 110 万円ずつ 10 年間贈与した場合（合計 3,300 万円）	贈与税額	0 円	0 円
	相続税額	938.7 万円	5,853.7 万円
	節税額	411.3 万円	701.3 万円
3 人に 310 万円ずつ 10 年間贈与した場合（合計 9,300 万円）	贈与税額	600 万円	600 万円
	相続税額	367.4 万円	4,732.5 万円
	節税額	382.6 万円	1,222.5 万円

※妻は、配偶者の税額控除により相続税ゼロ、子は法定相続分で相続した場合の相続税額の合計額

子どもの配偶者（嫁・婿）、孫などにも贈与することを検討してみてください。

たとえば5人に毎年110万円ずつ贈与すれば、それだけでも1年間で550万円も贈与できます。

これを10年間続ければ、5500万円もの贈与ができるわけですから効果は絶大です。できるだけ多くの人に贈与することにより効果が上がるわけです。

〝贈与税は高い〟という先入観を持っている方がいらっしゃいますが、それは一度に多額の贈与をするケースです。

たとえば、600万円を一度に贈与（20歳

以上の子ども、孫へ）すると、贈与税は68万円かかってきます。

しかし、4年間に分けて600万円贈与すれば、1年あたり150万円の贈与になるので、贈与税は4万円×4回の16万円で済みます。

つまり、贈与する人数を多くし、長期間に分けて実行することで、非常に負担が軽くなり、オトクな贈与となるわけです（図表2-7）。

▼相続開始前3年以内の生前贈与加算

親が元気でいる間は、生前贈与が有効な方法だとわかっていても、「お父さんは元気だから長生きする」「相続の話をすると〝縁起でもない〟と言って気を悪くするだろう」と、生前贈与を実行しない方が多いのも事実です。

そしていざ、親が病気になり余命わずかとなったときに、慌ててしまうわけです。

相続税を少しでも安くしようと、相続が近くなってから財産を贈与しても手遅れの場合があります。こうした節税のための「駆け込み贈与」を防止する制度があるからです。

相続税の計算の規定のなかで、

相続開始前3年以内に実行された贈与については、贈与は成立していても相続税の計算上は相続財産に加算して相続税を計算する、

生前贈与加算

という規定があります（**図表2-8**）。

相続開始前3年以前の贈与財産については加算する必要がないわけですから、贈与は早く実行するほうが間違いないのです。

ただし、相続開始前3年以内に贈与を受けていても、相続発生時にその被相続人から相続又は遺贈により財産を取得していない人（孫やお嫁さんなど相続人でない人）については贈与税の税金のみで完結します。

いずれにしても、相続税を安くするためには、なるべく早く、長期にわたって、コツコツ生前贈与をしたほうが有利なのです。

図表 2-8　生前贈与加算の例

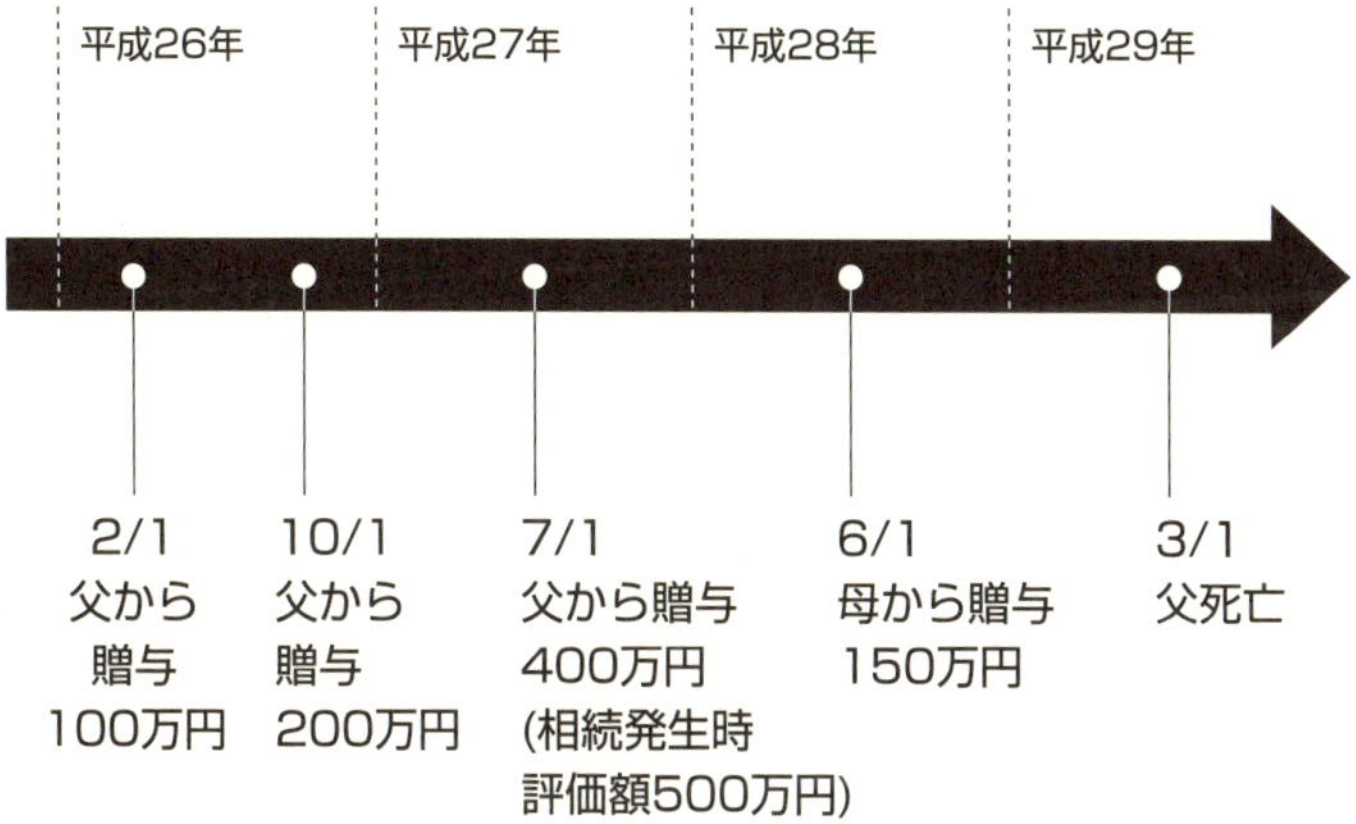

相続開始前3年以内の贈与として生前贈与加算されるもの

平成 26 年 10 月 1 日	200 万円
平成 27 年 7 月 1 日	400 万円（注）
計	**600 万円**

注:生前贈与加算では贈与時の評価額となり、この場合、相続発生時の 500 万円ではなく、贈与時の評価額 400 万円となります。

コラム

世代飛び越し贈与の検討

財産が孫に移転するには、本来ならば父から子、そして孫へと二度も相続税を払って移転します。

ところが、孫への贈与は、一度の贈与税ですみますから、非常に効果の大きい将来を見据えた方法と言えます。たくさんの孫に贈与すれば、一世代飛ばして多くの財産を移転できることになります。

たとえば、５人の孫に年間１１０万円ずつの現金贈与を５年間して、５年目に相続が発生した場合、５５０万円の財産移転が一世代飛び越してでき、贈与税もかかりません。

■ 親から子に暦年贈与（110万円）していたケース

子どもは親から財産を相続または遺贈により取得しますが、相続開始前３年以内に贈与された財産の３３０万円が相続税の課税価格に加算されます。

単純に税率が20%であれば、66万円 相続税が増えることになります。

■ 親から孫に暦年贈与（110万円）していたケース

もし、5年目に相続が発生した場合でも、通常、孫は相続人には該当しません。

相続税の生前贈与加算はありませんので相続税は、0円 です。

このように、世代飛び越し贈与は非常にオトクなのです。

▼争族にならないために活用

遺言を書き遺していない場合の相続では、自分が亡くなった後、財産がどのように分割されるか確認することができません。

しかし、自分が生きているうちに財産を贈与しておけば、死亡後に遺産分割をしなくてもよいので、いわゆる〝争族〟の防止につながります。また、本人の意思で財産をあげることができるのです。

贈与は相続とは異なり、自分のあげた財産がどのように使われるかを自分で確認することができる上、相続人ではないけれど、財産の引き継ぎをしてもらいたい人に財産を渡すこともできます。

争族を防ぐ有効な手段として『**生前贈与式**』を検討してみるのも一つの手です。

生前贈与式とは、生前に財産を相続人に贈与する式典です。親が、相続人となる妻や子どもを集め、相続人の納得のもと、財産の贈与式をします。そして、その内容を書面に残します。

家族の幸せを願い生前に財産を贈与し、円満相続を実現することも可能なので、ぜひ検討してみてください。

▼1年に多額の贈与をせずに年を越えてする

親が苦労して10年もかけてやっと満期になった生命保険金の500万円があったとします。親はこの500万円を一人息子のために贈与しようと考えています。

しかし、一度に多額の贈与をすると、当然高い税率になります。

500万円に対する贈与税は、なんと、

48万5000円

です。

500万円を2年間に分けて贈与すると贈与税は、

28万円（14万円×2回）

で済みます。さあ、どちらを選びますか？

満期になった生命保険500万円に対して、場合によっては所得税や住民税がかかってくるかもしれません。その上、贈与税がかかるわけです。よく考えて贈与しましょう、ということです。

▼相続時精算課税制度

高齢化社会になると相続年齢は必然的に上がります。

親が85～90歳まで生きると、子どもが相続する年齢は55～60歳ぐらいあたりになるでしょう。その子どもにあたる孫は社会人となっていたりします。

一般的に人生で最もお金が必要な時期は40～50歳と言われています。住宅ローンや子どもの教育資金などに追われ、経済的に大変な時期です。これが60歳を超えると、その頃は本人も定年を迎えているでしょうし、住宅ローンもすでに払い終え、一番お金が必要な時期は過ぎてしまっています。

子どもがお金を最も必要としている時期に親からの贈与があると、そのお金は必ず「生き金」となり、まさに値千金です。同じお金でも相続まで貯め込んだお金は、その時期によっては「死に金」になってしまうかもしれません。

60歳を過ぎて受け取る遺産と、40～50歳にもらう財産を比較すると、ありがたみはまるで違うはずです。

そこで検討したいのが、**相続時精算課税制度**を利用した生前贈与です。

生前贈与によって、早めに親の世代から子の世代に莫大な財産が移転されるようになれば、消費意欲も活発になり、ひいては日本経済全体の活性化にもつながるなど、社会的にも大きなメリットがあります。

「相続時精算課税制度」とは、名前のごとく相続時に課税が精算される生前贈与の形です。

注意点は、

◆非課税ではなく、課税を先送りしている

◆相続時精算課税を選択すれば暦年課税に戻れない

ということです。

では詳しく見ていきましょう。

3 相続時精算課税の概要を理解しましょう

父　〝贈与税と相続税が一体になる〟という新聞記事があったよ。
母　贈与税と相続税が一体？　何それ？
父　1年間110万円までは贈与しても税金がかからないのは知っているよね？
母　それは知っているけど……。
父　贈与税にはもう一つの制度があって、それだと2500万円までは税金がゼロらしいんだ。
母　それが、〝贈与税と相続税が一体となる〟ということなの？
父　相続時にそれまで贈与された財産を、もう一度税金の計算に組み込んで計算するらしいんだけど……。
母　詳しくその制度を理解しておかなくてはいけないわね。

平成15年1月1日以後の贈与から、生前相続に関して、通常の暦年贈与制度と選択する形で「相続時精算課税制度」が導入されました。
主な概要は、次のようなものです。

◆贈与者は、満60歳以上で、受贈者は、満20歳以上である推定相続人（代襲相続人を

含む）及び孫です。

◆2500万円までの贈与なら、何年に分けても生涯枠が同じです。2500万円を超える分については、一律20％の贈与税がかかります。

◆相続財産に加算される贈与財産の価額は贈与時の評価です。

◆相続時精算課税制度を受けるには、贈与を受けた年の翌年3月15日までに税務署へ「相続時精算課税制度」を選択する旨の届出が必要です。

◆最初の贈与の際に税務署へ「相続時精算課税制度」を届け出れば、相続時まで「相続時精算課税制度」の適用が継続されます。

▼贈与者と受贈者の年齢と対象者は？

相続時精算課税制度において、贈与者（あげる人）と受贈者（もらう人）の年齢は「60歳以上の親」から「20歳以上の子及び孫」への贈与が対象です。

この場合の年齢は「贈与する年の1月1日」が基準となります。

そして、子どもが2人以上いる場合は、一人ひとりが対象になります。

つまり、長男は父親と母親それぞれから贈与を受けることができ、次男も同様の贈与を受

図表2-9　相続時精算課税制度　選択の方法

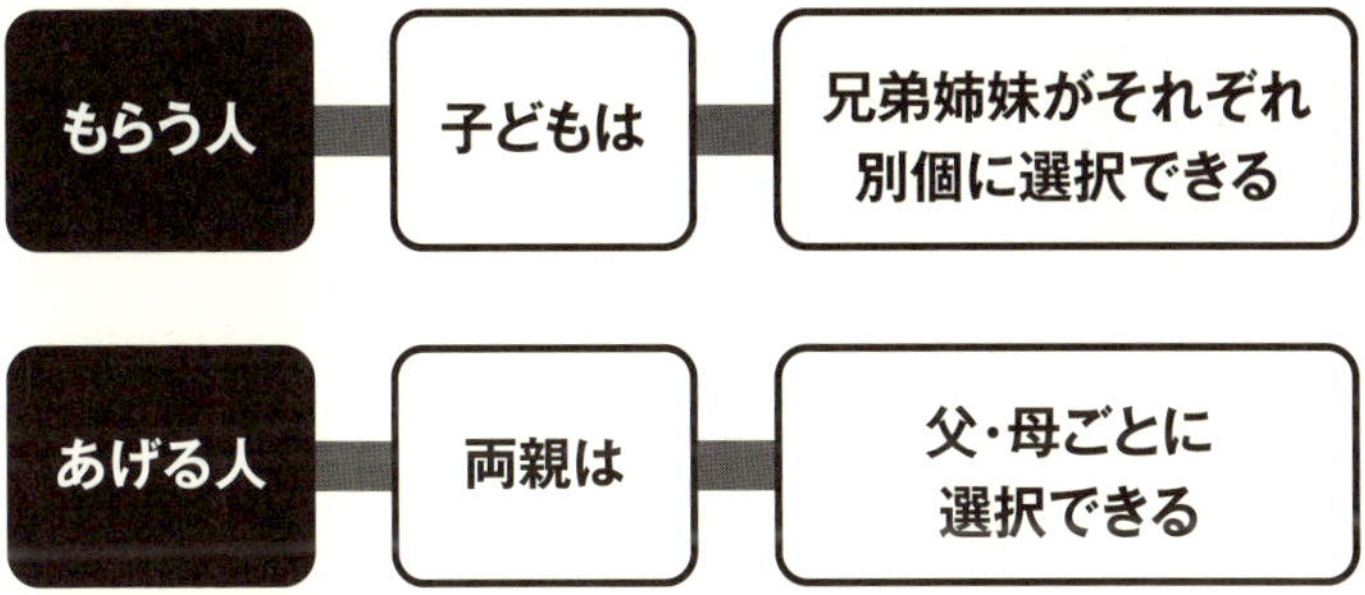

けられるわけです（図表2―9）。

贈与額で言うと、父親から２５００万円、母親から２５００万円の合計５０００万円までは贈与税がかかりません。

「子」は20歳以上の「推定相続人である子」（「子がすでに亡くなっている場合の」代襲相続人）及び孫なので、実子でなくても「養子縁組をしている」養子も含まれます。

▼相続時精算課税制度の基礎控除と税率

暦年課税制度の基礎控除は１１０万円です。一方、相続時精算課税制度の特別控除は２５００万円になります。２５００万円までの贈与なら何年に分けても生涯枠が同じです。

また、贈与財産の種類や金額、贈与の回数には制限がありません。

暦年課税制度では、基礎控除１１０万円を超えると、税

図表 2-10　相続時精算課税の精算のしくみ

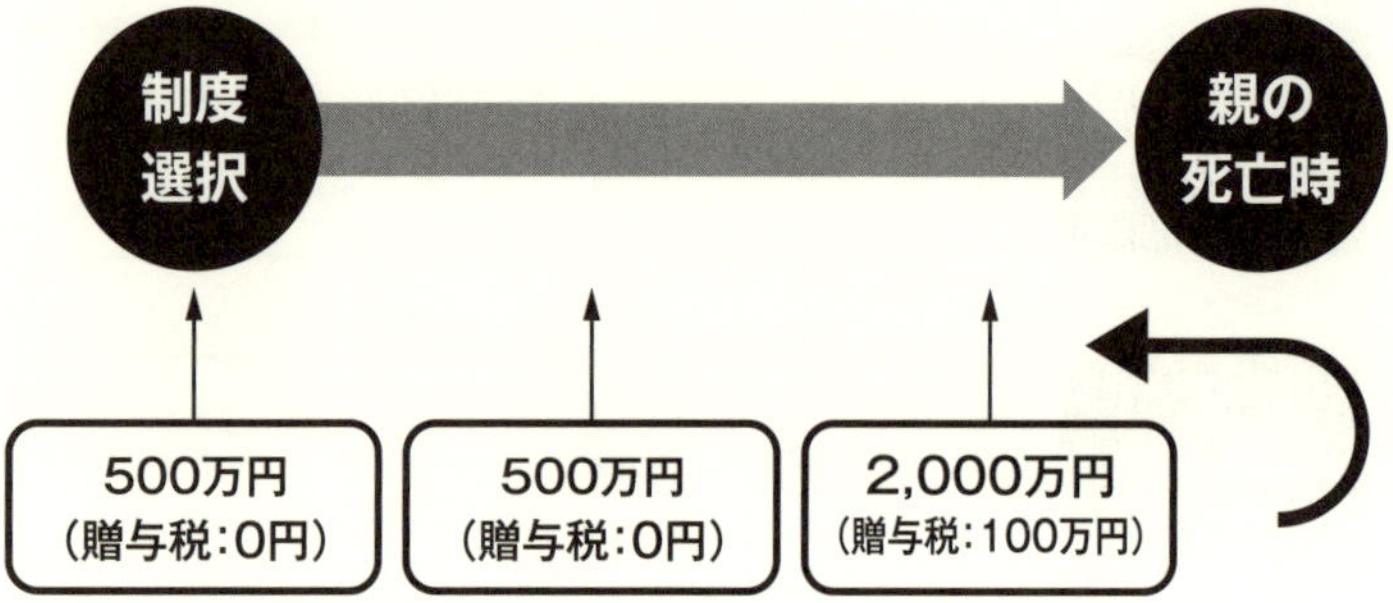

相続財産に 3,000 万円を加算して相続税を計算。
相続税が 0 円の場合、支払った 100 万円の贈与税は還付が受けられます。

率は超過累進税率で最高55%です。相続時精算課税制度の場合は、2500万円を超える分については一律20%の贈与税がかかります。

この贈与された金額は、相続時に申告すると相続財産に加算されて、相続税額が計算されます。

そして、過去に納付した贈与税額はその贈与税額が控除され、反対に、先に納付した贈与税額が多い場合は還付されます（図表2-10）。

▼相続財産に加算される贈与財産の価額

将来、相続が発生したときには、相続時精算課税制度を選択したすべての財産が相続財産に加算されます。そのときの評価は次のようになります。

◆相続財産に加算される贈与財産の価額は、

贈与時の評価

◆財産の評価は、
土地は通常は路線価
建物は固定資産税評価額

たとえば、相続のときに1000万円の評価の土地でも、贈与を受けたときに5000万円の評価であれば、相続税を計算するときは5000万円として評価されます。

土地や株式など時価評価のあるものを贈与するときは、その値動きには注意が必要です。

相続時に評価額が上がっていれば節税になりますが、相続時に評価額が下がっているときは税金の負担が増えてしまいます。

▼どの財産を贈与すればいいのか

相続時精算課税制度の生前贈与を考える場合、何を贈与するのかが重要になります。

◆将来、値上がりが見込める財産を贈与する

将来、市街化区域に編入される調整区域内の土地や収用予定地、あるいは、現在は利用制限を受けて価値が低い土地でも、将来的にその利用価値が上がる可能性の高い土地であれば、評価の低いうちに贈与することで、将来の値上がり分の相続税を少なくすることができます。

◆評価を引き下げてから贈与する

財産の評価を下げてから贈与する方法というものもあります。たとえば、現金で賃貸アパート・賃貸マンションといった収益物件を建設し、それを贈与することで、現金に比べて約40％程度に評価を下げることができます。さらに、そこから上がる家賃収入は、もらった人の収入になります。

◆収益を生む財産を贈与する

中古の賃貸アパート・賃貸マンションなど、建物の評価がすでに低くなり、家賃収入が確実に入ってくる物件を贈与する方法もあります。この場合、低い評価で贈与でき、さらに安定収入をそのままもらった人に移転できるという大きなメリットがあります。

▼相続時精算課税制度の適用の手続き

相続時精算課税制度の適用を受ける人は、贈与を受けた年の翌年2月1日から3月15日までの間に、相続時精算課税制度を選択する旨の、

「選択届出書」
「確認書」

を「贈与税の申告書」に添付し、税務署に提出しなければなりません。

◆提出期限内に贈与税の申告をし、届出することが条件
　贈与を受けた年の翌年2月1日から3月15日の期限を過ぎて申告すると、この適用がありません
◆選択した年以降の贈与についても、贈与を受けた年ごとに申告が必要
◆この制度は、従来の贈与税課税方式の暦年課税と選択が可能

相続時精算課税の届出書を一度提出すると、暦年課税の方には戻れないので注意が必要です。

4 贈与をすると思いがけない費用がかかる2つのケース

父　贈与すると、贈与税はかかるのはこの間の話でわかったよね。
母　ええ、少しはわかったような気がするわ。
父　実は贈与すると、贈与税以外にも税金がかかるらしいよ。
母　え、それは知らないわ。
父　特に不動産を贈与すると、忘れたころに税金がくるみたいなんだ。
母　不動産を登記するときにかかるのかしら？
父　そうみたいだね。それ以外にも不動産取得税というのもあるらしい。

母　あら、それだったら事前に詳しく調べておかないといけないわね。

バレンタインデーでプレゼントをもらうと、中身が何かと思い、ワクワクドキドキしますよね。

ましてや、ゴールドの包装紙に、ハートマークのリボンがついていれば……。

ところが、開けてびっくり玉手箱。

小さなチョコレートが1個だけ

というようなことだったらどうでしょうか。

人には、プラス受信の三原則というものがあります。

◆客観的：その場の感情に流されず、客観的、冷静に考える
◆好意的：相手の発言や行動などを、好意を持って考える
◆機会的：起きた出来事をチャンスとして考える

先の例は小さなチョコレートが1個だけですが、たとえば手作りのものだったり、原料が厳選されていたり、あるいは凝った包装紙が使われているなど、そこには贈り手の愛情が染み込んでいるはずです。

同じように、相続時精算課税制度を活用して生前に贈与を受けても、費用がかかることがわかれば、少しトーンダウンしてしまうかもしれません。

そこで、あらかじめ、次のような費用がかかると思っておけば予防になります。

▼不動産を贈与されたときの登記費用

不動産の生前贈与は、当事者間の〝あげましょう〟〝もらいましょう〟の合意で所有権が移転します。

登記は義務ではありません。

しかし、第三者に対して、もらった不動産の権利を得たと主張するためには、登記をすることが必要となります。

登記をしなければ、将来、不動産の売却時に困りますし、金融機関などへの借入の担保にすることもできません。

図表 2-11　不動産の移転登記にかかる登録免許税

項目			税率
所有権移転	不動産売買	土地	1.5%（本則2%）＜平成31年3月31日まで＞
		建物	2%
	遺贈・贈与		2%
	個人の居住用家屋		0.3%（本則2%）＜平成32年3月31日まで＞
	相続又は法人の合併		0.4%
	共有物		0.4%
所有権保存	個人の居住用家屋		0.15%（本則0.4%）＜平成32年3月31日まで＞
	それ以外		0.4%
地上権・永小作権・賃借権等の設定又は移転登記	設定又は転貸		1%
	相続又は法人の合併による移転		0.2%
	共有に係る権利の分割による移転		0.2%
	その他の原因による移転		1%
相続財産の分離	所有権の分離		0.4%
	所有権以外の権利の分割		0.2%
仮登記	所有権の移転又は移転請求権の保存		1%
	その他		本登記の税率の2分の1＜平成32年3月31日まで＞
抵当権	設定登記		債権金額の0.4%、個人の居住用家屋0.1%
所有権	信託登記		0.2%（本則0.4%）＜平成31年3月31日まで＞

不動産の生前贈与を受けたときにする登記のことを「所有権移転登記」といいます。手続き書類は次のものがあります。

①登記原因を証明する書類

登記をする理由がわかる書類を法務局へ提出します。たとえば、「不動産贈与契約書」です。

②登記識別情報（または権利証）

贈与される土地の登記識別情報（または権利証）が必要です。

③印鑑証明書

贈与者の印鑑証明書（発行から3カ月以内）が必要です。

④住民票

受贈者の住民票（有効期限なし）が必要です。

⑤固定資産税評価証明書

市町村役場で申請すると固定資産税評価証明書（贈与年度のもの）がもらえます。

⑥委任状

登記を司法書士等他人に依頼する際に必要です。

図表 2-12　不動産取得税の税率

・住宅 ・住宅用地 ・商業地等の住宅地以外の宅地等	平成 20 年 4 月 1 日～ 平成 30 年 3 月 31 日 3%（本則 4%）
店舗、事務所等の住宅以外の家屋	4%
宅地等については固定資産税評価額の 2 分の 1 に税率適用 （平成 30 年 3 月 31 日まで）	

図表 2-13　不動産取得税の計算法

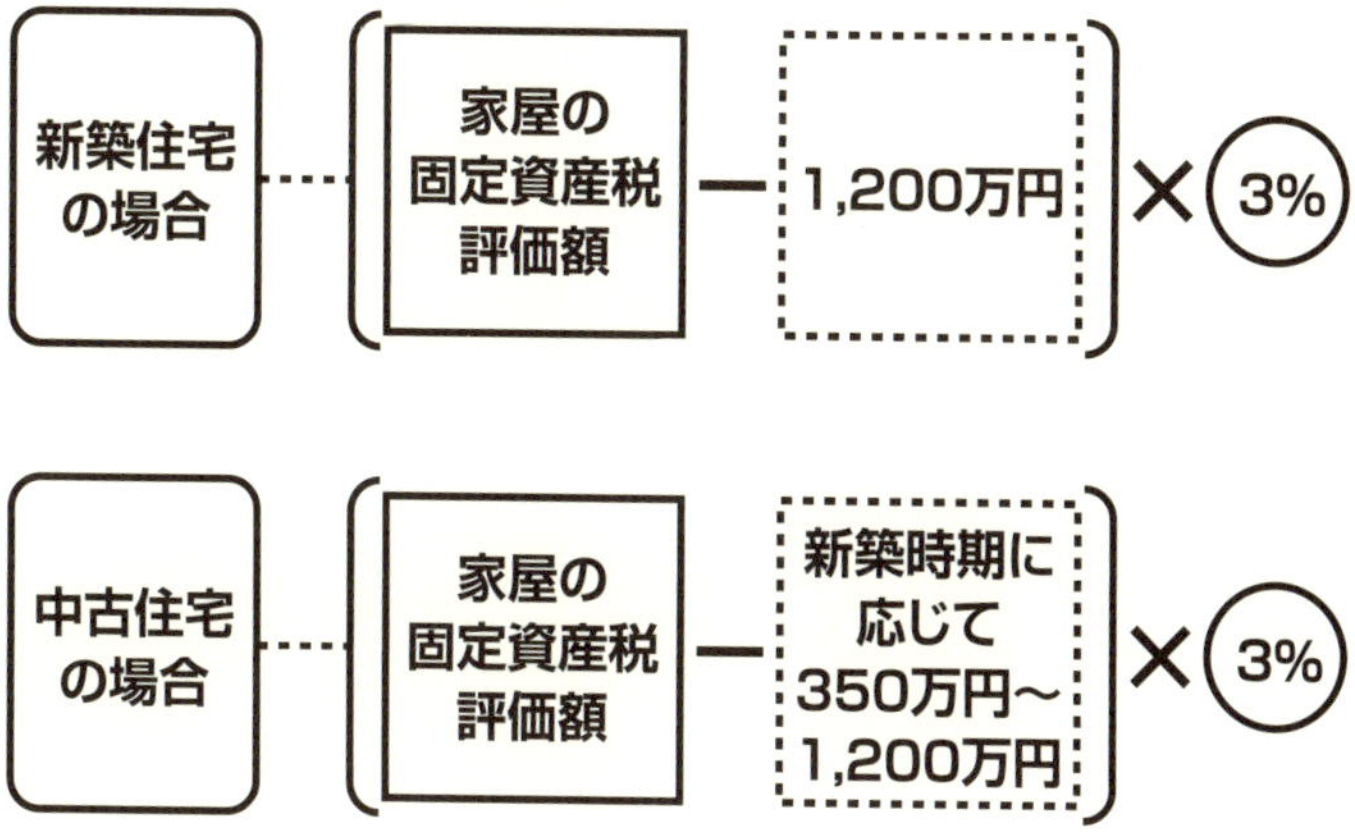

▼不動産取得税

生前贈与によって不動産を取得した場合には、不動産取得税が課税されます（図表2－12）。なお、不動産取得税は都道府県に納めるため、都道府県から課税通知が届きます。不動産取得税は、固定資産税評価額をもとに計算されます（図表2－13）。また、相続の場合は不動産取得税は課税されません。

5 相続時精算課税制度と暦年贈与制度との違いをよく理解して選択しましょう

母　相続時精算課税制度と暦年贈与制度について、やっとわかってきたけど、どちらを選択したらいいいか悩むわね。

父　マイホームを買うときに応援する制度もいいと思うし……。
母　ええ、それはそうね。
父　相続時にもめることはしたくないしなあ。
母　私もそう思うわ。
父　税金がかかるのはバカらしいし。
母　とりあえず、現在の財産をもう一度見直してみない？
父　そうだな、現状分析からもう一度はじめてみよう。

「相続時精算課税制度」と「暦年贈与制度」のどちらを選択した方が有利なのかは、財産の状況や贈与者の年齢、家族構成、贈与の目的などによって異なります。

子は鎹《かすがい》

と言います。

〝鎹〟とは、木材をつなぐコの字型の大釘のことです。子どもは、夫婦の仲をしっかりつなぐ鎹のような存在であるということを意味します。

生前贈与である「相続時精算課税制度」と「暦年贈与制度」を上手に利用して、親子の絆を深めてほしいものです。

そこで、相続時精算課税制度のメリット・デメリットや「相続時精算課税制度」と「暦年贈与制度」の違いをよく理解してから選択してください。

◎相続時精算課税制度のメリット

◆お金が必要な時期に贈与できるので「生き金」になりやすいと言えます。

◆相続時に相続税がかからないと想定される場合には、早めに財産を移転できます。

◆相続時までに財産価値が減少しない財産、または将来値上がりが見込まれる財産を贈与することで、相続財産の評価を下げることができます。

◆収益マンション等を贈与することにより、家賃収入が受贈者のものとなり、受贈者の財産を形成するとともに、贈与者の相続財産を減少させる効果があります。

◆相続が発生する前に贈与者の意思で財産分割・移転ができます。ただし、遺留分を考慮する必要があります。

◆住宅取得の場合の多額な贈与は、住宅を取得する資金を金銭で贈与するよりも、まず親が住宅を取得し、その後、子に住宅を贈与することによって、評価が低くなり有利となります。

◎相続時精算課税制度のデメリット

◆「相続時精算課税制度選択届出書」は一度提出すると撤回できないため、特定贈与者からの暦年贈与ができません。

◆移転時の経費が高くなります。たとえば不動産取得税は、贈与のときは課税されますが、相続のときは課税されません。

◆相続発生時の遺産分割で贈与を受けた分（特別受益）を、遺産に加えて計算される可能性があります。

◆相続税の税制改正により、それまで相続税がかからなかった人にも相続税がかかる可能性があります。

◆贈与時に税金はかからなくても、相続税がかかることがあります。

◆現金等を贈与すると、相続時までに消費して相続税が払えなくなる可能性があります。

◆相続時精算課税制度を適用することで、小規模宅地等の評価の特例の評価減を適用できなくなるため、評価が高くなって相続税の納税額が増加してしまい、かなり不利になります。

◆相続時精算課税制度を適用することで、生前贈与で取得した財産（土地、建物等）は物納できなくなります。

◆相続時に加算される金額が贈与時の評価額です。財産の価値が相続時に下落していても贈与時の高い評価額で相続税が計算されてしまい、不利になることもあります。

第2章のまとめ

●贈与契約書を作成する

当事者の意思を確認するため、また証拠資料とするために贈与契約書を作成します。事後的に作成したものとみなされないように、公証役場で確定日付をとっておくことがベストです。

●**贈与の証拠を作っておく**

贈与があったという事実を作っておきます。たとえば、親から子へ現金を贈与する際には、親の銀行口座から子の銀行口座へ振込み入金します。

お金が、「いつ」「誰から」「どのようにして」流れたのかを、証拠としてはっきりさせておくことが必要となります。

●**受贈者が財産管理を！**

受贈者（もらった人）が贈与された財産を管理し、銀行の通帳・印鑑の管理をしてください。贈与者（あげた人）が受贈者の通帳・印鑑を持っていると、客観的に見て不自然だからです。さらに、贈与された現金を贈与者が引き出したら、これも不自然です。税務署に「みせかけ」の贈与と勘違いされてしまいますので注意しましょう。

●**贈与は早めに実行するのが効果的**

相続開始前3年以内の相続人に対する贈与は、相続税の税金対象になるので、贈与するときには早めに行う方がより効果的です。

●贈与税を払って証拠を残す

あえて基礎控除の額を超える贈与をして、少しでも納税をしておくことも、税務署から贈与の事実を認識してもらうために有効な手段です。

●世代飛び越し贈与を検討する

孫などへの贈与によって、相続税の課税を1回免れることができます。

●贈与税を払えるかよく確認する

贈与税は受贈者が払わなくてはなりませんが、不動産や自社株式をもらった場合、納税資金を工面できないことがあります。その意味からも、手元に納税資金がない人への不動産の贈与は、収入のない土地や家賃の低い建物を贈与するのではなく、高収益が見込まれるものを贈与するのがよいでしょう。

また、同族会社の役員をしている人へ自社株式等の贈与をする場合には、その贈与税額の負担部分を考えて役員報酬の増額をするなどの方法も必要でしょう。

どうしても一括納付できないときには、贈与税においても延納の方法が認められており、最長5年の分割払いが可能です。ただし、この場合には利子税がかかりますから、利子も含めたうえで納税の資金繰りを考慮しておく必要があります。

●今後値上がりが予想される財産から優先的に贈与する

贈与した財産の相続税評価額が将来上昇したとしても、その上昇部分については相続税も贈与税も課税されません。

土地等で将来値上がりする可能性のある財産を相続税評価額の低いうちに贈与し、相続財産の増加を防ぐようにします。

たとえば、次のような土地等です。

・市街地の宅地で、現在は倍率方式で低く評価されているが、将来、路線価方式によって評価され、そのために相続税評価額が高くなる可能性がある土地
・現在は調整区域だが、調整区域の規制が外れる可能性がある土地
・開発計画があり、将来便利になるため地価が上昇すると思われる土地

今後評価額の上昇が見込まれる財産から贈与していった方が有利となります。業績好調な株式もその一つです。特に優先順位がないときには、金融資産（現金、預貯金他）が分割しやすく、費用もかかりません。

●分割しやすい財産や収益を生む財産を贈与する

贈与税の負担が出てくる場合には、贈与税を納める資金も考えなければなりません。したがって、贈与金額にもよりますが、現金・預貯金・株式や収益性のある不動産の贈与がより有効といえます。

注意点は次の通りです。

・賃貸不動産を贈与すれば、将来の収入を税金なしで贈与することになる
・不動産の評価は現金よりも低いが、コストがかかる
・事後、権利関係でもめないように検討してから贈与する
・贈与税と相続税の節税額の分岐点を確認する
・遺産分割でトラブルにならないように注意

図表 2-14　親からの贈与について

「相続時精算課税制度」と「暦年贈与制度」の贈与税から相続税への流れ

親からの贈与			
		↓	↓
		<暦年課税制度>	<相続時精算課税制度>
贈与税	控除額	基礎控除額　毎年110万円 まで 贈与価格が1年間で110万円 以下であれば非課税です。 （1年ごとの課税方式です）	特別控除額　最高2,500万円 相続時までに受け取った、 贈与価格の合計額です。 （複数年にわたる贈与のとき は累積されます） また、住宅を取得する目的 の贈与では、さらに、非課 税枠の特例の検討。
贈与税	税率	通常の贈与税率が適用され ます。累進税率10～50％。	特別控除額を超えた分に対 してのみ、一律20％の贈与税 が課税されます。
		↓	↓
親が亡くなって相続開始			
		↓	↓
相続税		相続した財産に対してだけ、 相続税を計算します。 ただし、相続開始時直前の3 年間に贈与されたときは、そ の分は加算されます。	相続した財産と贈与された 財産を合計。 ↓ それに対して相続税を計算。 ↓ 支払った相続税があれば、 相続税から差し引いて精算 できます。

図表 2-15　暦年課税制度と相続時精算課税制度との比較

	暦年課税	相続時精算課税
あげる人	年齢制限なし	60 歳以上の父母及び祖父母
もらう人	年齢制限なし	20 歳以上の推定相続人たる子（代襲相続人を含む）及び孫
対象財産	制限なし	制限なし
税額計算の際に財産の額から控除される額	1 年間につき 110 万円	一生につき 2,500 万円
税　金	110 万円控除後の額に応じた税率（超過累進税率最高 55%）	2,500 万円を超えた額につき一律 20%
計算期間	1 年間	届出提出後、相続開始時まで
申告しなければならない場合	基礎控除額（110 万円）を超える贈与	届出提出後の贈与すべて
相続開始時に加算される財産	相続開始前 3 年以内の贈与は相続税計算時に加算、それ以外は加算なし	贈与時の評価で相続財産と合算
贈与税が相続税を超える場合	差額分は還付されない	差額分は還付される
相続税の節税効果	あり。贈与税の基礎控除年間 110 万円までは、贈与税がかからない。将来の相続時に相続税の計算対象外となる	なし。2,500 万円の特別控除があるが、贈与者の相続時に、相続税の計算に合算されて相続税がかかる
大型贈与	多年数にわたり、多人数であれば可能。	一度に大型贈与がしやすい。
適　用	暦年贈与をしてから相続時精算課税制度は選択できる	一度選択したら、暦年贈与に戻れない
贈与財産からの債務控除	できない	できる
受贈財産の物納	できる	できない

図表 2-16　あげたい人に・あげたいものを・あげたいときに

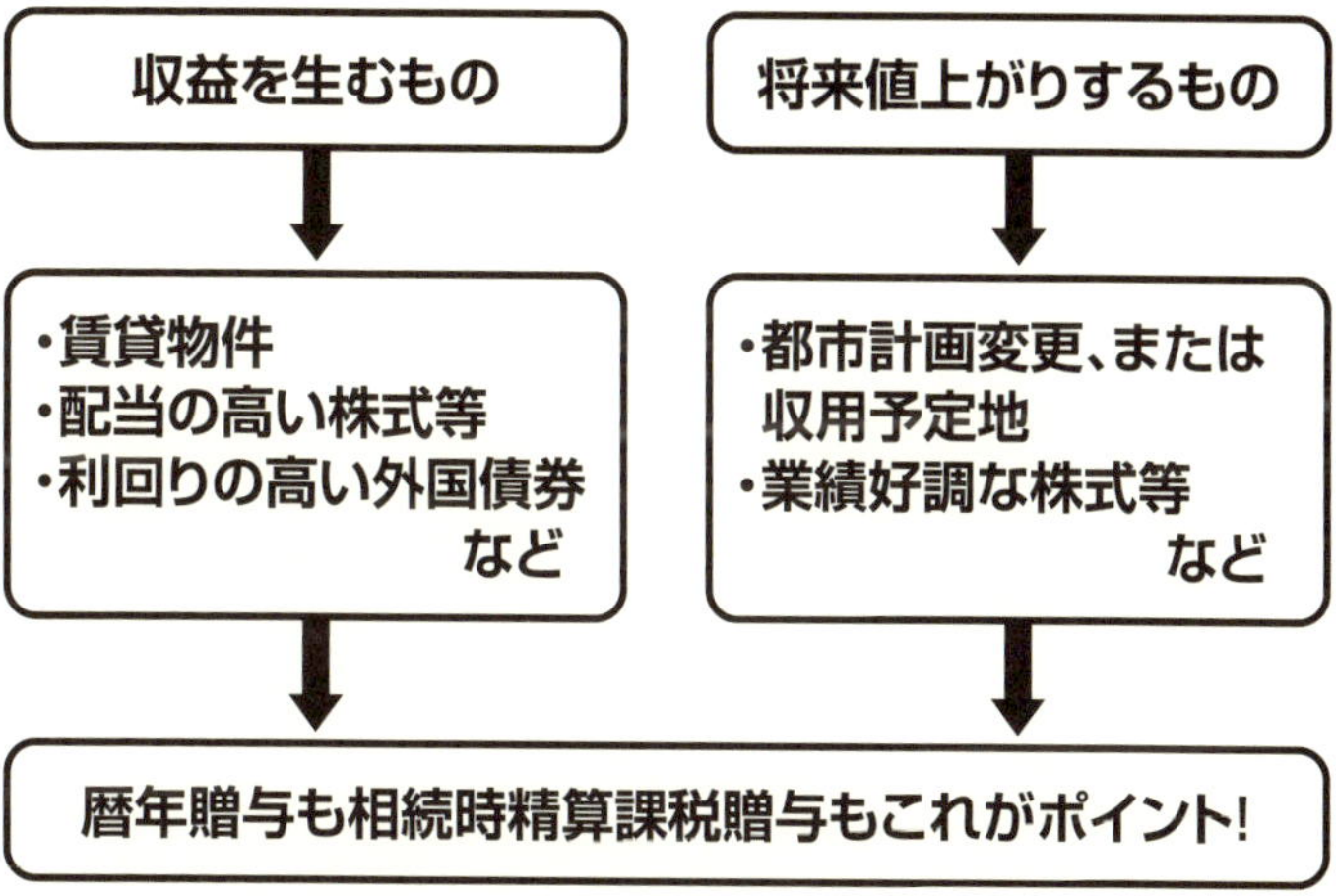

図表 2-17　相続税がかかる人の生前贈与の選択の考え方

暦年贈与

↓

非課税枠を超える贈与をした時は贈与税の負担が生じ精算されないので注意

↓

① 優遇されている特例を活用して贈与するなど、余分な税金がかからないように注意すること
② 年間110万円以下なら申告の手続不要です

相続時精算課税贈与

↓

相続時に精算され納付した贈与税は戻ってくるから、税金の払いすぎは発生しない

↓

① 住宅取得等資金やローン残高など、緊急資金を贈与する
② 残したい財産を老後などに安心して任せられる子どもに贈与する
③ 介護してくれる子どもにゆとりのある生活をしてもらうために贈与する

図表2-18　相続税がかからない人の生前贈与の選択

暦年贈与

↓

相続税の実効税率との比較のうえ、有利となる金額を贈与すること

↓

① 贈与の証拠を確実にするのが重要です
② 長期にわたり計画的に早めに贈与すること
③ 相続開始前3年内の贈与は加算されるので早めに実行すること
④ 特例を活用して上手に贈与する

相続時精算課税贈与

↓

基本的にこの制度を利用することにより、特に相続財産が減少するわけではありません

↓

① 将来値上がりするものを贈与する
② 評価を引き下げてから贈与する
③ 収益を生むものを贈与する
④ 親の気持ちを生前に税率の低い負担で贈与する
⑤ 遺言書代わりに生前に財産分けができます

第3章

「名義預金」に注意しましょう

——税務調査のポイントと対策

相続税の税務調査の際に、最も注目されるのが預貯金です。

預貯金の入出金の動きを細かく調べていくと、申告漏れ発見につながることが多々あります。

そのため、調査の際には必ず預金通帳の提示を求められます。

もし、通帳の提示を求めてこない場合には、すでに取引金融機関から入出金データを取り寄せていて、最低5年は調査済みということです。

通帳の記録は、調査官にとっては申告漏れを発見するために最も貴重な資料となります。

特に50万円以上の入出金は必ずチェックされます。

「平成27事務年度における相続税の調査の状況について」（国税庁）によれば、毎年「現金・預貯金」が申告漏れで一番多くなっています。

「事務年度」とは、税務署など国税の年度のことで、7月1日から翌年6月30日の期間です。年度末の3月が確定申告による繁忙期のため、3カ月ずらして6月を年度末としています。

今回公表された相続税の税務調査は、平成25年に発生した相続を中心に実施されたものです。

平成25年分の相続税申告データにおいて、財産の金額区分ごとの申告件数に占める割合は次の通りです。

2億円超合計…26・9％
3億円超合計…13・5％

平成27年度の税務調査割合の21・9％と比べてみると、2億円超の財産では税務調査が入る可能性がかなり高くなり、3億円超の財産では税務調査が入る可能性がとても高くなる、という傾向にあると言えます。3億円超の財産がある方の場合、まず税務調査は入るものと思っていたほうが無難です。

話を戻しましょう。平成27年度も同様に、申告漏れは以下の結果でした。

(1) 現金・預貯金…35・2％
(2) 土地…………13・9％
(3) 有価証券……12・4％
(4) 建物…………2・2％
(5) その他………36・3％

また、平成27年度の相続税の税務調査の結果は以下の通りです。

※（　）内は平成26年度の結果

（1）調査件数は1万1935件（1万2406件）と若干減少
（2）うち81・7％（81・8％）で申告漏れ
（3）税務調査に入った割合は21・9％（23・6％）
（4）1件当たりの追徴税額は489万円（540万円）
（5）申告漏れで一番多いのは「現金・預貯金」で35・2％（35・7％）

以上を参考にしてください。

ここで、名義預金で失敗した例をご紹介します。
相続セミナーにも熱心に参加されていたような方が、亡くなった後の税務調査でよくある話です。

バブルの頃は、銀行の支店長が営業の行員たちに「100万円の定期預金、一口3万円の積立預金10口をお客様から獲得するまで店には戻ってくるな」と発破をかけるようなモーレツな時代が続いていました。

営業手段のひとつとして、当時は預金をしてもらったお客様の家に、犬の貯金箱や石鹸、タオル、ティッシュ、サランラップ、年末にはカレンダーなど、大量に粗品を置いて帰っていきました。

すると、その家の〝大黒柱〟である母親は、「しょうがないわね」と言いながら、銀行員の営業成績を上げてあげるために「定期預金は長男、積立預金は長女」というように、家族みんなの名義を借りて預金をすることも日常茶飯事でした。

当時の金融機関では、取引の手続き書類も緩やかで、払い込みや払い出しの署名は代筆でも構いませんでした。届出の印鑑も父親と同じものを使い、積立預金が満期になると、父親から子どもや孫の名前で口座を開き、定期預金をすることも普通にできていました。

贈与については、年間の基礎控除が「110万円」（平成13年1月1日以後は110万円、それ以前は60万円）あるので、「その金額までだったら大丈夫だ」という認識だったようです。

しかし、父親が亡くなり相続税の税務調査が入ると、それは亡くなった人の預金であり、

「子どもや孫のものではない」として認めてはくれませんでした。

つまり、子どもや孫に名前を借りているだけの**〝名義預金〟**とみなされ、亡くなった方の預金として相続財産に組み入れられたのです。そして、最終的に修正申告を提出し、税金が追徴されました。

この場合、正しくは届出の印鑑を変え、基礎控除を超えた金額で贈与したうえ、贈与税を払うことによって証拠を残し、贈与契約書を作成する、という対応をすれば問題はなかったわけです。


1970〜1980年代当時は、郵便貯金の単なる10年定期預金の金利が実に8〜12％もあり、銀行の1年定期預金や日本国債も金利5％超えなど当然という時代でした。

今の高齢者世代の方は、当時は働き盛りで給料も多かったので、コツコツ定期預金に回すだけで、それこそ「いつの間にか元金が2倍になっていた」という時代に生きていたのです。

それが一転して、1990年代半ばから始まった低金利時代。早いものでそれからもう20年以上経ったことになります。

今の子どもたちはもはや「高金利時代を知らない世代」ですし、高齢者世代の中には「あの素晴らしい金利をもう一度」と心の中で叫んでいる方も多いと思います。

ここで、名義預金になる主なケースをあげておきます。

◆名義を意識せず「家族なんだから誰の名義でもよい」という考えで預金するケース。

◆「預金残高をゼロにしておけば相続財産に加えなくてもよい」という考え方により家族名義にするケース。

◆ペイオフの対象となる預金が１０００万円を超えると、預金の名義を家族にするケース。ただし、名義預金と判断された場合は本人（１名）の預金としてカウントされる場合もあります。

◆ゆうちょ銀行の預入限度額である１３００万円の枠を超えたら家族の名義にするケース。

◆かんぽ生命保険も加入限度額を超えると、子や孫などを被保険者、契約者とする。さらに、ゆうちょ銀行の預入限度額やかんぽ生命保険も加入限度額を超えると、国債を子や孫の名前で購入するケース。

◆普通預金、定期積金、定期預金など、金融機関の都合で口数を増やすために家族名義にするケース。

◆定期積金の満期ごとに、親から子や孫の家族名義で定期預金に振り替えるケース。

1 名義預金にならないための3つの方法

夫　きちんと贈与しているのに、名義預金だって言われることもあるのかな?
妻　名義預金にならないようにするには、どうしたらいいのかしら?
夫　何か秘訣があるんじゃないかな。
妻　そうよね。それを知らないと、後で大変なことになりそうだわ。
夫　でも、預金通帳に残高がたくさんあると嬉しいよね。
妻　そうね!　海外旅行にお買い物、美味しい物もたくさん食べられるし。
夫　預金の使い方もしっかり考えないといけないな。
妻　その前に、名義預金にならない方法を教えてほしいわ。

図表3-1　名義預金と判断される可能性が高くなるケース

（例1）	●単に子どもの名義を借りて口座を開設したと考えられるケース 子ども名義の銀行預金口座を、被相続人の使用しているものと同じ印鑑を使用して作った場合
（例2）	●口座を管理・運用しているのが実際に被相続人であると推定されるケース 孫は大阪に住んでいるが、被相続人が孫名義の銀行預金を被相続人が居住している奈良で開設した場合

▼名義預金にならないために

預金名義が誰の名前になっているかに関わらず、実質的に被相続人の預貯金と認められるものは、被相続人の相続財産に該当します（図表3－1）。

名義預金に該当するかどうかは、次の2つに大別され、さまざまな観点から総合的に判断する必要があります。

◆単に名義を配偶者や子・孫などの親族のものとしているもの

◆形式的に贈与を行ったに過ぎず、実質的に贈与が成立していないもの

主な判断基準は、次のようなことです。

図表 3-2　名義預金になるかどうかの判定表

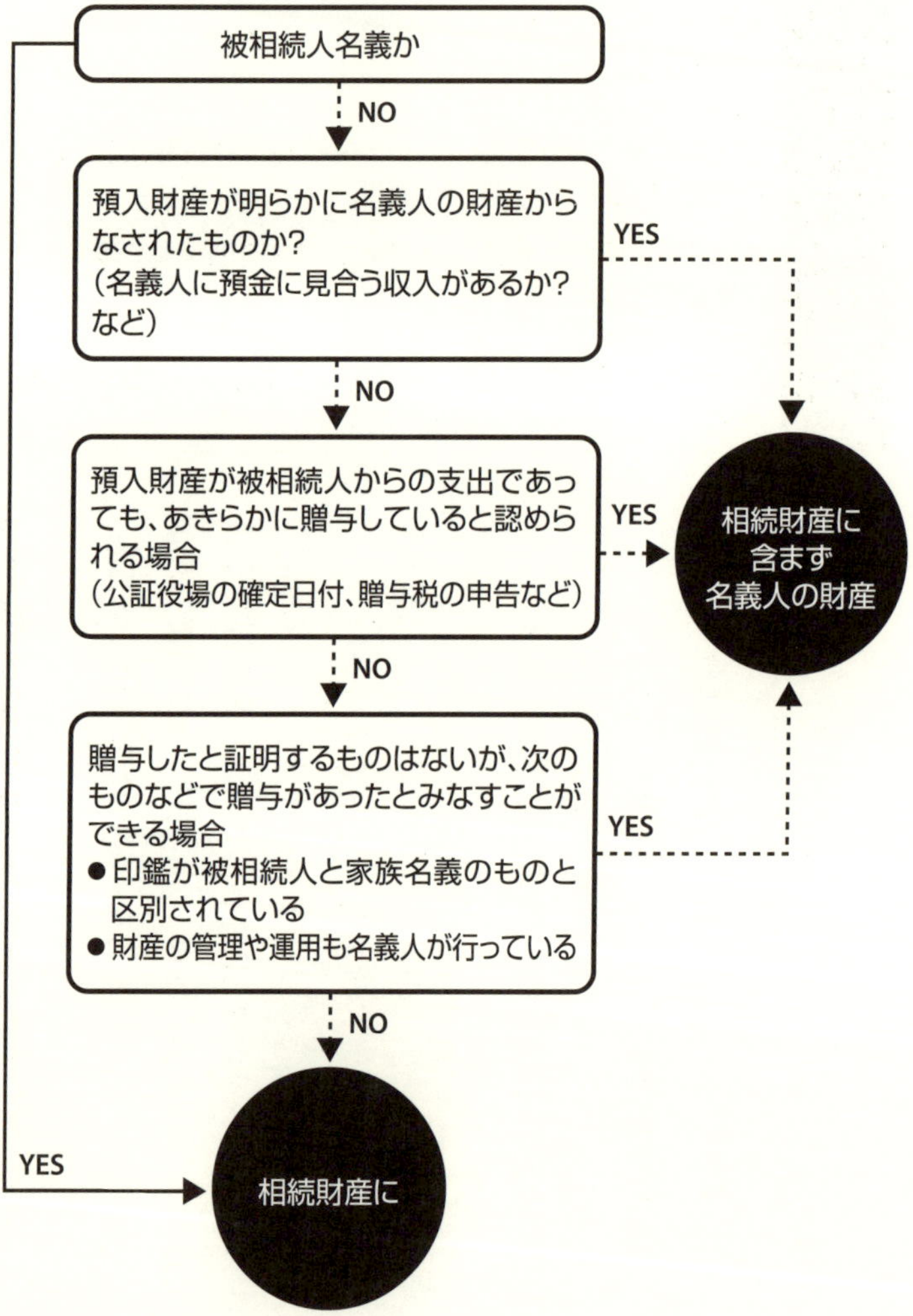

◆名義が親族等のものになっていても、その預金の管理・運用を誰が行っているのか

通帳や印鑑の管理（実際に預け入れや引き出し、預け替え等預金の運用）を被相続人が行っていれば、名義預金として被相続人の相続財産と認められる可能性が高くなります（図表3-2）。

▼贈与の証拠を残しましょう

民法上の贈与とは、

〝あげましょう〟

〝はい、もらいましょう〟

という契約で成り立ちます。たとえば、祖父が孫名義で毎年預金をしていても、孫がその預金の存在を知らない場合には、

〝あげましょう〟
〝はい、もらいましょう〟

の受贈者（もらう側／孫）による**〝もらいましょう〟**という受贈の意思表示がないことから、贈与は成立していないとみなされます。そのため、税務上の時効は成立しないことになります。

具体的には以下のことをしておかないと、税務署は贈与を認めず、預金は祖父の財産とみなされます。

（1）贈与契約書を作成する（確定日付があればなおよい）。
（2）金銭の贈与は振り込みの方法を取り、記録を残す。
（3）孫名義の通帳の印鑑は孫本人のものを使用し、孫自らが管理する。

▼贈与税を賢く払いましょう

暦年贈与の場合、1年間の贈与金額の合計が110万円以下であれば、税金はかかりません。

現金であれ、土地や建物などの不動産であれ、株式であれ、贈与する財産の種類が問われることはありません。

ただし、無税枠ぎりぎりの110万円の生前贈与を毎年繰り返していると、税務調査等において名義預金とみなされることもあります。

このような場合は、

110万円を超える贈与

を行い、贈与税を納めることも一つの方法です。さまざまな意見もありますが、特に、名義預金にならないためには有効と言えます。

つまり、贈与契約書を作成し、贈与税の基礎控除額（110万円）を超えて贈与を行い、税務署に申告をして贈与税を払うことで、実質的に贈与を成立させるわけです。

2 妻のへそくりは誰のもの!?

子 今月はしっかりやりくりしたから、余った3万円はへそくりにするの。
母 あら、あなたも上手な主婦になったわね。
子 そうかな。スーパーやネットショッピングで安く買えたからね。
母 ところで、家計は毎月、家計簿で管理しているの?
子 うん、管理しているよ。
母 旦那さんは家計簿を見せてとか言わない?
子 クラウドの家計簿で管理しているから、あんまり興味ないみたい。
母 そう。それはよかったわね。

夫の給与で生活費をやりくりし、残った余剰金を妻名義の預金としておくことは日常的に行われています。俗にいう「へそくり」ですが、これが夫の給与等が原資となって預金されたものについては、妻名義のものでも相続財産になる可能性が高くなります。

たとえ家計が夫婦共有であっても、夫の財産か、妻の財産かで線引きを行わなければなりません。妻固有の財産だと主張するためには、夫から妻へ生前贈与が行われたことを立証する書類と、妻が自由に使えるように管理運用されていたという事実が必要となりますので、注意が必要です。

▼妻名義の固有財産とは…

専業主婦である妻名義の固有財産は、下記のような預金が想定されます。

◆結婚持参金
◆結婚後の給与や不動産等の収入
◆妻の両親等からの遺産
◆適正な手続きにより受けた贈与財産
◆公的年金等
◆以上のことに係わる運用益

ここで失敗事例をご紹介します。

預貯金の財産をかなり持っていた近藤さんは、相続税の節税のために、銀行にある数億円の預金を数百万円ずつ現金でおろすことを考えました（現在は基本的に1日50万円が引き出し限度額ですが、その当時は1日200万円まで引き出せました）。

近藤さんは、「妻名義の口座に『振り込み』をすると履歴が残るので、一度現金でおろして金融機関へ預金すれば関係がわからないだろう」と思い、銀行、信用金庫、郵貯などいくつも分けて、妻の口座に数年にわたって現金を移していきました。

その後、近藤さんは病気で他界しました。近藤さんの妻は、振り込みの履歴も残っていないことから、税務署にはわからないはずだと思っていました。

そのため、夫から入金された預金については相続財産のなかには記入せず、申告をしませんでした。

ところが、相続税の申告をした2年後くらいに税務署から連絡が入り、相続税の税務調査が入りました。

税務署は甘くはなく、きちんと資金の動きを調査し、近藤さんの口座から数回にわたって合計数億円の現金の引き出しがあることを指摘しました。

そして、引き出されたのと同額のお金が近藤さんの妻の口座に預金されているので、「これは夫の近藤さんの財産ですね」と認定され、近藤さんの妻は約1億3000万円の相続税

（延滞税、加算税も含む）を払うことになってしまいました。

この事例からもわかるように、「親族の銀行口座に振り込みではない形で資金を移動しても、税務署にはわからないだろう」という考えは間違いです。

近藤さんのケースのように、相続税の税務調査は、相続が起こってから2年後くらい、相続人が相続したことを忘れた頃に来ることが多いのです。

そのときにすでにお金を使ってしまっていると、納税資金がないという最悪の形になりますから、この点は十分に注意したいものです。

「策士策に溺れる」、つまり策略に巧みな者は策を弄しすぎて、かえって失敗するものであるということを肝に命じてください。

3 未成年者への贈与の対策

夫　やっと孫ができて良かったね。
妻　本当にうれしいわ。
夫　孫は本当に可愛いものだね。
妻　何かプレゼントもあげたいわね。
夫　おもちゃがいいかな?
妻　それもいいけど、もっと先立つものとか……。
夫　お金のほうがいいだろうか?
妻　そうね。何でも買えるしね。

▼未成年者への贈与はどうなるか

民法上の原則として、未成年者は第三者の許可を得ることなく、単独で法的な行為はできません。

この原則から、未成年者はたとえ財産の贈与を受けても、その贈与物の所有権を得ることはできません。贈与者（あげる人）が「これをあげます」と言っても、受贈者（もらう人）である未成年者は自分の意思で「もらいます」とは言えないのです。

しかし、次の二つの場合は法的な行為が認められて、所有権を得ることができます。

（1）親権者の同意があること

未成年者の親の同意があれば、所有権が得られます。

この場合、特に不動産の名義変更をするには以下の書類が必要です。

◆親権者の実印を押した同意書

◆親権者の印鑑証明書（発行から3カ月以内）

◆戸籍謄本（有効期限はありません）

（2） 未成年者が結婚していること

財産を受贈する未成年者が結婚していれば、所有権が得られます。

このとき、名義変更をするには以下の書類が必要です。

◆戸籍謄本（有効期限はありません）のみ

それでは、未成年者への預金などの贈与について具体的に述べていきます。

（1）未成年者の預金口座をつくって贈与することも認められます。

（2）民法では、親権を持つ者は子の財産を管理し、また、その財産に関する法律行為については、その子を代表することができると定められています。

ただし、子が債務を生ずる場合には、子の同意を得なければならない、とあります。

（3）未成年の子が親（親権者）から単純に預金等の贈与を受ける場合は、未成年の子の損にならないので、特別代理人を立てなくても贈与は成立することになります。

（4）子が成年になったときに、未成年の時期に贈与を受けた預金などを自分のものと認めれば、その預金は当然子どものものとなります。未成年期間中にもらった預金などは、成年になった時点で子どもに認識させておく方が良いことになります。

（5）認識させた事実関係を証拠として残すために、「取引銀行」「届出の印鑑」「通帳等の保管者や場所」を管理の状況として変えておくのも一つの方法です。

このように、未成年者への贈与は可能ですが、クリアすべき要件がいくつかあります。

その他、注意点は次の通りです。

◆出産祝は親がもらったものです。それを子ども名義にした場合は、親より子への贈与とみなされます。

◆お年玉はもらった子どものものと認められます。

◆遠隔地に居住する子どもの生活のための銀行口座は、口座に入金された時点で子どもに生活費の贈与がなされたものと理解すべきです。ただし、これには贈与税はかかりません。生活に必要な程度の預金残高は子どものものと考えて差し支えありませんからご安心ください。

子どもの預金は次の三つに分けられますが、これらは区分して管理しておくべきです。

◆子どもの収入（所得）によるもの

◆子どもが相続または贈与により取得したもの
◆名義預金である親のお金（親の所有であるが子どもの名義になっているもの）

4 家族信託で名義預金を逃れる方法がある？

妻　あなた、長男に毎月5万円を積立預金しているけど、大丈夫なの？
夫　大丈夫だろう。年間60万円で、贈与税の基礎控除110万円以下だからな。
妻　うん、それならいいのだけど。
夫　何か問題があると聞いたのかい？
妻　この間、税金のセミナーで〝名義預金〟という言葉を聞いたのよ。
夫　〝名義預金〟って何だ？
妻　名義は長男だけど、お金の出所はあなただから、その預金はあなたのもの……ということになるそうよ。

夫 そうなのか？ 納得いかないな。

▼信託で名義預金を回避

生前にまとまったお金を子どもに贈与したいと思う親は多いはずです。ただ、目的もなく金銭を与えることは教育上問題になると思案し、なかなか贈与に踏み出せない場合もあることでしょう。

お金が自分の口座にあると、相続財産は膨らむばかりです。それならと、お子さんに黙ってコツコツと預金をお子さんの口座に貯め込んでいたとしましょう。きちんと贈与税も払っていたとします。

しかし、その贈与の事実をお子さんが知らなければ贈与ということにはなりません。贈与税の申告をしていても同じことで、これが名義預金となるわけです。

名義預金を回避する方法に「信託」というものがあります。

名義預金と認定されず、子や孫に秘密の贈与をする方法として、この信託を使います。

具体的には、親名義の口座から親名義の他の口座（「信託口口座」と言います）に預金を振替えて、子どものために分別管理します。

こうした方法を**「自己信託」**と言いますが、簡単に言うと、信託の設定後も設定者本人が管理者となり、その財産の決裁権・裁量権を持つことができるというやり方です。


自己信託の口座開設については原則的に、この口座は子どもへの贈与のためのもので、親である自分が口座の管理を行いますという証拠を「公正証書」で残す方が良いと思われます。公正証書は公証役場で保管され、記載された内容は法的な効力を有しますから、この方法で特約を付ければ、子や孫に知られることなく贈与をすることが可能になり、相続の際に名義預金とされることもありません。さらに、子に贈与したお金を親が管理することが可能になりますから、教育上の問題も解決されます。

なお、最近は信託銀行が遺言信託以外にも、贈与対策として名義預金にならないように多種多様な商品を開発しています。

たとえば暦年贈与信託などがありますので、しっかり情報収集をして、名義預金対策を練るのも一つの方法です。

第3章のまとめ

税務署は相続税の申告内容のなかでも、特に預金について、名義預金がないかなど、いろいろな角度から調べていきます。

まず、相続財産にゆうちょ銀行の郵便貯金などの商品がないこと自体が不自然だと考えます。従来、郵便局は税務署が調査できないという噂があったので、郵便貯金として隠している可能性があるのではと疑ってきます。

特に、かんぽ生命への加入がある家庭には郵便貯金があるのでは、と調べに入ります。定額貯金などのゆうちょ銀行の貯金は預け入れ限度額があるため、名義を分散していることが多いので、「定額貯金の預入・払戻の状況の照会書」を貯金事務センター（東京・大阪・横浜・名古屋・長野など）に出し、その回答を調べるのです。

また、被相続人が預け入れている金融機関の本・支店には名義預金があるものと判断します。

金融機関へ照会して調べる対象者は、相続人、相続人の配偶者、相続人の子ども・孫など、広範囲にわたります。

照会期間は5～7年（悪意とされた場合）で、名義間の取引きを調べ、被相続人の預金で名義が他の人になっているものを確認します。

それ以外に、名義預金がある可能性が高いと見られるケースとして、相続人が相続した金融資産より支払う相続税が多い場合も注目されます。

さらに、名義預金ではないのですが、一般的に、葬式費用などの準備のために、被相続人が亡くなる寸前に預金が引き出されるケースがよくあります。

そこで、相続税の申告書の財産明細で現金がゼロ、あるいは少額の場合は不自然であると見られ、亡くなられた直前に引き出した預金を調査、確認されます。

名義預金と判定されないようにするポイントは以下の通りです。

●贈与契約書を作成する
●贈与する金額が110万円を超えるときには必ず贈与税の申告をする
（贈与を受けた年の翌年2月1日～3月15日まで）

●相続人と被相続人の金融機関への届出の印鑑は異なるものにする
●印鑑・通帳・キャッシュカードは各口座名義人が管理する
●口座名義人自身がいつでも使える状態である

名義預金と判定されると、相続税が課されることになります。

名義預金と判定されるのは、相続税の税務調査のときです。もし税務調査がなければ、名義預金の判定はありません。

名義預金と判定されれば、もちろんその預貯金は相続財産に含まれることになります。

相続税の申告書には名義預金は申告されていないのが普通ですから、税務調査が行われ名義預金が見つかり、申告漏れが指摘されたとします。その際は、相続税の追徴・延滞税の対象となります。

税務調査によって修正申告書を提出する場合は、本来の相続税だけでなく、図表3-3の通り、ペナルティが課税されます。

図表 3-3　税務調査によって修正申告書を提出する場合は、ペナルティが課税される

延滞税	納付期限までに納めなかった場合に課されるもの 追徴される相続税額に対して、原則として年 14.6%（日割りで計算課税される）
過少申告加算税	期限内に行った申告に関する修正申告・更正があった場合に課されるもの 追徴される相続税額に対して、10%（日割りで計算されません）
重加算税	財産を隠したり、嘘の申告をした場合などに課されるもの 追徴される相続税額に対して、35% ※同じ項目に過少申告加算税と同時には課されません（日割りで計算されません）

なお、平成28年からマイナンバー制度が実施されています。

金融商品への適用は預金者の任意ですが、平成30年から口座への付番が始まります。平成33年からはこれが義務化される予定で、そうなると預金・株式など全ての状況が把握されてしまうことになります。

第4章

生命保険のフル活用術

――もっと上手な生前贈与の方法

生命保険という存在が、皆さんの人生に必要なのかどうかについて、まず考えてみたいと思います。

最近は、「保険で払う分のお金を現金で持っていた方がいい」という論調も一部でありま す。

でも私は、「保険加入は人生のあらゆるシーンで有用である」と考えます。

もし、保険の営業担当者がこんな風に言うなら、それは単に自社の利益のためかもしれません。しかし、第三者的な立場である税理士の私から見ても、保険というのは〝選び方さえ間違えなければ〟有用なサービスなのです。

そもそも生命保険はなぜあるのでしょうか?

生命保険は、大勢の人が公平に保険料を負担しあうことで、いざというときに保険金を受けることができるシステムです。つまり、大勢の人による「助け合い」「相互扶助」の仕組みで成り立っています。

その中で、死亡保険と呼ばれる生命保険は、定期保険や終身保険を中心に、被保険者が、

〝死亡〟

した場合に保険金がおりる保険です。

その他にも、定期付終身保険や逓減定期保険など、さまざまな種類がありますが、これらは基本的に、定期保険や終身保険から派生した商品です。

また、養老保険という保険があります。養老保険は、死亡保険金と満期時保険金が同額であることが特徴です。つまり、被保険者が契約途中で亡くなった場合に支払われる保険金額が、満期時に支払われる保険金額と同じということです。

ただ、この養老保険は貯蓄性は終身保険よりも高いのですが、その分保険料も割高です。反対に死亡保障は小さいので、貯蓄性重視の保険と言えます。

それ以外にも、医療保険、がん保険、介護保険、年金保険などもありますが、それぞれの目的やライフステージに合わせて加入を検討してください。

なお、保険に入る際に重要になってくるのが「告知書」です。告知書には、現在の健康状態や過去の病歴などを記入することになりますが、不健康な人は加入を断られてしまう可能性がありますのでご注意ください。

次に、生命保険への加入目的について考えてみましょう。

基本的に、保険は「その時々の必要保障額」を担うものと捉えるとよいでしょう。

万が一、ご自身や家族が病気になったとき、子どもが成長して教育費が必要になったとき、ご自身が亡くなった後の家族の生活保障など、あらゆる状況に柔軟に対応するための備えが保険といえます。

これに加えて、保険は「相続対策に活かせる」という有用性も持っています。

相続対策における生命保険のメリットはいくつもあるのですが、一番わかりやすいのは、**「死亡保険金（以下「保険金」）を利用して相続税を払う」**というものです。

スムーズに相続税を支払うには、現金・預金が必要となります。

そこで、親が被保険者、相続人である子どもが受取人として生命保険に加入していれば、被保険者が亡くなった後に手続きをすると、早ければ1週間前後で保険金が入金され、相続税の納税資金としてスムーズに使うことができます。

また、生命保険は遺族の生活保障を目的とすることもできます。この場合の必要保障額は、次のようなことを考慮して考えます。

◆被保険者の配偶者が亡くなるまでお金に不自由しない金額

◆子どもたちが独立するまでの教育費・結婚資金など
◆遺族に迷惑をかけないように、葬儀代をまかなえる程度の金額

必要保障額は人それぞれの事情によって差が生じますが、一般に年齢を重ねるほど必要保障額は減っていきます。

大きな保障が必要な期間は保険料の割安な定期保険や逓減定期保険を利用し、最後まで残しておきたい部分を終身保険でカバーするのが合理的と言えます。

また、それ以外に、生命保険を活用した生前贈与の方法もあります。

まずは、現在の保険の加入状況を把握して、何が不足しているか、自分に合った保険商品があるか、保険料を払えるか、被保険者を誰にすればよいか、といった内容を、信頼できる〝ほけんびと〟に相談してください。

1 保険料の贈与による納税資金対策4つのポイント

妻 この間、保険会社の人が来たわ。
夫 保険なんか大嫌いだよ。
妻 でも、そろそろ相続のことも考えておかないと……。
夫 おれが死ぬのを待っているのか？
妻 そうじゃないのよ。保険も使い方次第では有利なこともあるみたいよ。
夫 そんなことを言ったのか。だまされているんじゃないのか？
妻 でも、友人の旦那さんが亡くなったときに保険に入っていて助かったって。
夫 うん……。

▼相続税は現金納付が原則

相続発生後に最も重要となるものは、現金や預貯金などの金融資産です。亡くなった方が生命保険に加入していれば、保険金としてまとまった額が短期間で支払われます。それを上手に使えば、納税資金をはじめ相続税対策にもなります。

相続税が発生するほどの資産がある方は、早めに何らかの対策を打っておくことが大切です。

相続税は、現金で一括納付するのが原則です。

一般に相続財産の中で比率が高いのは不動産ですが、言い換えれば、流動性の高い現金・預貯金の比率は低いということになります。

つまり、高額な相続税に見合う財産は確かにあっても税金で納める現金は少ない、ということになるわけです。

ですから、もし財産が自宅の不動産のみで、現金や預貯金がほとんどない場合には、自宅を売却して財産を分割し、相続税を払わなければならないかもしれません。

現金の準備ができていない場合は、次の手段を取ることになります。

◆不動産を売却して支払う
◆物納で支払う
◆延納で支払う

不動産を売却する場合には、すぐに売れる状況を整えておくことが大事です。そうでないと、足元を見られて安い金額で売らなければならなくなることもあります。

物納とは、現金ではなく不動産などの物で納めることですが、不動産で納める場合には、土地の境界の確定、実測など事前に準備をしておく必要があります。

また、納税期限を引き延ばしてもらう延納を選択する手もありますが、この場合は利子税という金利が発生しますから、できれば避けたいものです。

そこで検討したいのが、生前贈与を利用した生命保険による納税資金対策です。保険によって支払われる保険金は現金です。これが非常に役に立つわけです。

生命保険を上手に活用し、納税資金に備える対策を打っておきましょう。

▼生前贈与と生命保険の組み合わせのポイント

生前贈与をすることで、「子どもの気が緩んでしまうのではないか」あるいは「ムダな出費に使ってしまうのではないか」と心配される方もいます。

たしかに、子どもが「毎年、生前贈与の臨時収入がある」と考えてしまえば、「収入を上回るローンを組んでも大丈夫」といった発想をしても不思議ではありません。

実際私も、「あの家は代が代わってからあっという間に……」という話を山ほど聞いています。

「濡れ手で粟」という言葉があります。濡れた手で粟をつかむと、手にくっついてたくさん取れることから、とくに苦労もせずに楽々と利益を得ることを意味します。見ようによっては、生前贈与はこの濡れ手で粟と同じ状態……と言えるでしょう。

そこで、相続人がそんな状況に陥らないために、贈与したお金で生命保険の加入を検討するという方法があります（図表4-1）。

具体的には、相続人（子）が生命保険に加入して契約者となり、被相続人（親）から贈与を受けた現金をそのまま生命保険料に充てるというものです。

図表4-1　生命保険による相続税対策例

被保険者	保険料負担者	保険金受取人	課税関係
父	父	子	相続税
	子		所得税
	母		贈与税

← 納税資金対策を行います。（所得税）

　この場合、被相続人（親）を「被保険者」にしておくと、親の死亡時に生命保険金としてまとまった金額が支払われます。

　つまり、生前贈与と保険金を組み合わせることで、親の死亡時までしっかり貯めておくことができるうえ、相続税の納税資金や代償分割資金として活用できる、というわけです。


　ポイントは、このとき支払われる保険金は相続財産の対象にはならないということです。子が払って子が受け取るので、「子の一時所得扱い」になるからです。

　そのため、相続税ではなく、所得税の対象となります。

　一般的には、相続税よりも所得税で支払った方が負担は軽くて済みますが、所得税が必ずしも相続税より負担が軽いというわけではありません。

　ご存じのように、所得税・住民税は累進課税ですので、所得が多いほど負担税額が増えます。ですから、念のため、贈与税・所得税・住民税の合計額と、相続税の比較シミュレーショ

図表4-2　振り込まれる手順

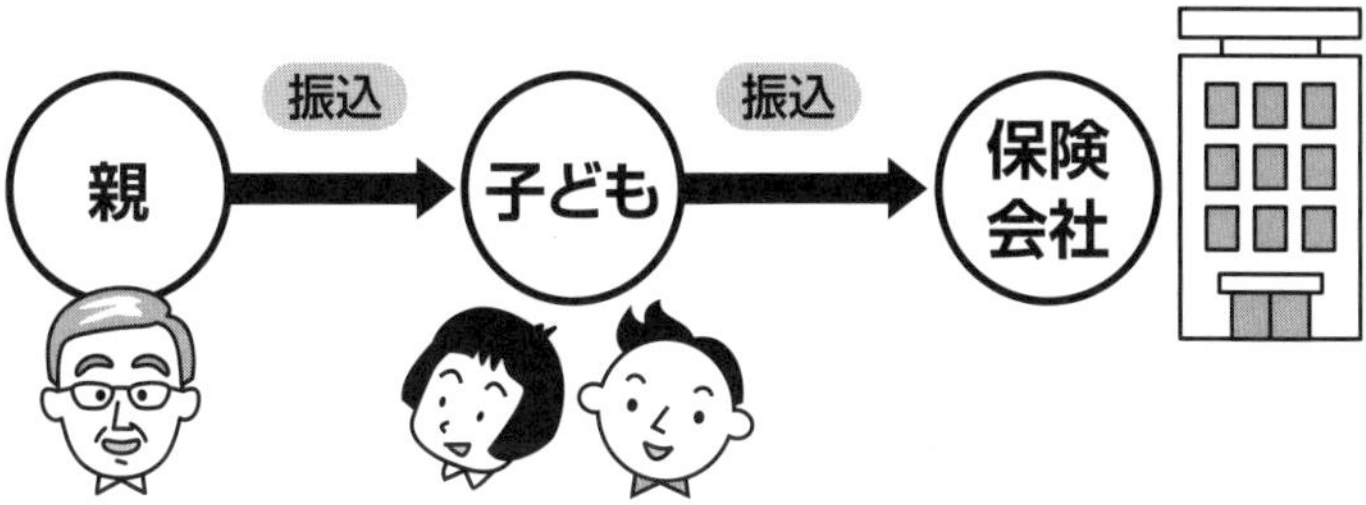

ンをしてから、この選択をすることをお勧めします。
さらに、非課税枠を超えると、生命保険金でも相続税がかかるので注意が必要です。

▼保険料贈与のポイント

ところで、生命保険を上手に活用しても、生前贈与が認められなくては意味がありません。名義預金と同様に生命保険を活用する場合には、次のポイントに注意します。

- ◆毎年の贈与契約書を取り交わしていること
- ◆贈与額が110万円以上のときは、必ず贈与税の申告書を提出すること
- ◆生命保険料については、親の生命保険料控除としていないこと
- ◆親が子どもの預金口座に現金を振込み、その口座から

保険料を支出する（図表4-2）

◆子どもの金融機関口座の通帳や印鑑は子どもが保管する

贈与の事実の心証が得られるものであれば、税務署もこれを認めていますので、きちんと贈与がなされたことを明らかにしておくことが大切です。

▼保険料贈与のメリット

毎年、現金を贈与することによって、次のメリットがあります。

◆親から子に現金を贈与することによって、財産を移転することができる

◆相続税の対象となる相続財産が減少する

◆被保険者の死亡時に支払われる死亡保険金は、相続人である子どもが「所得税」（一時所得）の対象となるため、通常は少ない税金で済む

◆被保険者の死亡時に支払われる死亡保険金は、相続税の納税資金や代償分割などに利用することができる

図表4-3　生命保険の契約に関する用語例

契約者	保険を契約した人
被保険者	保険の対象となる人
保険料負担者	保険料を払う人
保険金受取人	契約者が指定した保険金を受取る人
納税義務者	税金を納める人

ただし前述のように、贈与税・所得税・住民税の合計額と相続税額をシミュレーション比較し、誰を対象にしてこの対策を実行すればいいのか、しっかり税金効果を確かめたうえで検討すべきでしょう。

生前贈与に生命保険を活用する際の要点

◆高い相続税より、安い一時所得になるように加入する
◆贈与税・所得税の合計額と相続税を比較して実行する
◆非課税枠を超えると、生命保険金でも相続税がかかる

なお、生命保険の契約に関する用語の意味は**図表4-3**の通りです。

税務署が「保険料負担者は誰か」を判断するポイントは、保険の契約者が誰であるかではなく、保険料が誰の口座から引き落とされていたか、誰のお金で払っていたかという点です。

それでは、保険契約者とは何かを考えます。

保険業法、民法、商法では、この保険契約は契約者のものであり、誰が保険料を負担していようとも、契約者が保険契約を解約したり、変更したりする権利があります。つまり、民法などでは契約者が重要であり、税法では保険料支払者が重要になります。法律によって視点が違うのです。


もう一つ覚えておいていただきたいことがあります。

それは、契約内容と課税される税金の関係です。契約内容によって、税金の種類は次の6通りに大別されます（**図表4-4、図表4-5**）。

表の見方ですが、ケース（1）では、すべて「A」となっています。

つまり、すべて同一の「A」という人が対象になっているということです。

一方、ケース（6）では、「A」「B」「C」の3人の方が対象となっています。

このように、満期返戻金等では保険料負担者と受取人が同じ（1）（3）（5）の場合は「一時所得」になります。

ところが、保険料負担者と受取人が違う（2）（4）（6）場合には「贈与税」になって、税金が非常に高くなります。なぜなら、もらった保険金そのものが税金の対象となってしま

図表 4-4　満期返戻金等を受け取った場合

ケース		(1)	(2)	(3)	(4)	(5)	(6)
契約内容	契約者	A	A	A	A	B	B
	被保険者	A	A	C	C	B	B
	保険料負担者	A	A	A	A	A	A
	保険金受取人	A	B	A	B	A	C
納税義務者		A	B	A	B	A	C
課税される税金		一時所得	贈与税	一時所得	贈与税	一時所得	贈与税

図表 4-5　死亡保険金等を受け取った場合

ケース		(1)	(2)	(3)	(4)	(5)	(6)
契約内容	契約者	A	A	A	A	B	B
	被保険者	(A)	(A)	(C)	(C)	B	B
	保険料負担者	A	A	A	A	(A)	(A)
	保険金受取人	A	B	A	B	A	C
納税義務者		Aの相続人	B	A	B	B	B
課税される税金		相続税	相続税	一時所得	贈与税	相続税	相続税

※ A または C が死亡した場合。死亡者は（　）で記載

うからです。

たとえば、保険料８００万円を支払って保険金１０００万円受け取ったとします。

このとき、贈与の場合は、「１０００万円に対し、贈与税は２３１万円」（一般の場合）かかります。

一時所得の場合は、次の公式で算出します。

（受取保険金－払込保険料の総額－50万円）×1／2

（1000万円－800万円－50万円）×1／2＝75万円

この一時所得の金額を他の所得と合算し、そこに所得税と住民税がかかります。その増額分が贈与税よりも安ければいいわけで、通常はそうなるケースが多いということです。

死亡保険金等では、保険料負担者と受取人が同じ（３）の場合は一時所得になります。

また、保険料負担者と受取人が違う（４）の場合は、贈与税になります。

そして、それ以外は、死亡を原因としているので相続税がかかります。

2 相続税の非課税枠の利用による賢い5つの方法

夫　この間、俺のところにも生命保険の勧誘が来たよ。「相続対策にいいから」と言われたけど。
妻　どんな種類の保険かわかっているの？
夫　死んだときに保険金が出ると言っていたけど……。
妻　保険金はどのくらい下りるの？　月々の保険料は？
夫　死んだとき、子どもに1000万円出るそうだ。保険料は月3万円くらいらしい。
妻　保険の設計書はもらった？
夫　これだけど、よくわからないところがあるんだよ。
妻　まあ、困ったわね。

▼生命保険は便利に活用できる

「相続対策と生命保険は切っても切れない関係です」

こう言っても過言ではないくらい、生命保険はあらゆる相続対策で活用できる便利なものです。

今契約している生命保険が相続対策上有効な内容となっているのか
もっと条件のいい生命保険があるか
相続対策の一環として新たに生命保険を契約したいが、どんな内容のものがいいか

など、生命保険を有効に使うことで、立派な納税資金対策や遺産分割対策になります。

生命保険金にかかる税金の種類は、契約形態によりあらかじめ選ぶことができます。

つまり、受取った生命保険金には相続税や所得税や贈与税が課せられますが、それは契約形態によって決まります。

どんな契約方式で契約していたか

ということによりますので、自分にとって一番都合のよい契約方式を選択して、保険契約をすることが重要です。

さらに、相続税が課せられるケースでも、一定の金額までは非課税枠があります。

せっかくの非課税枠ですから、ぜひ有効に活用したいところです。

▼死亡保険金の取り扱い

相続税のかかる契約形態の死亡保険金は、被保険者が亡くなった時点では財産として認識されません。

しかし、相続税の計算上、死亡保険金はみなし相続財産として税金の対象となります。

ただし、法定相続人が受け取る場合には、次の金額は控除を受けられます。

500万円×法定相続人の数＝非課税金額

◆法定相続人の数は、相続の放棄がなかったものとして計算します。
◆養子がある場合には、実子がいれば1人、実子がいなければ2人までしか法定相続人の数に加えることができません。

たとえば、妻と子ども2人が相続人の場合、

1500万円までは税金がかかりません。
(非課税枠1500万円=500万円×3人)

これなら自宅を売却することなく、相続税を支払うことができるかもしれません。
このように、生命保険は他の金融商品や不動産に比べ、相続税評価額を引下げる効果があります。そのうえ現金が確実に確保でき、使い勝手がよいので便利です。

▼贈与したつもりで保険に加入

相続税対策に不動産を活用し、賃貸住宅を建てる(特例によって相続税評価額を減らす)

などのやり方がありますが、これには莫大な初期投資が必要です。そのうえ、空室や大規模修繕、家賃滞納問題など、心配事を山ほど抱えることになります。

その点、生命保険は、保険商品の内容によって異なりますが、月々の少額の掛け金ではじめられるので手軽だと言えます。

保険は次のような形で加入します。

契約者と被保険者は親
受取人は子や孫

ここでは、現金を贈与したつもりで自分が保険に加入すると、万が一のときに多額の死亡保険金が相続人に支払われ、次のようなメリットもあります。

◆相続人が受け取る死亡保険金には、500万円×法定相続人の数の非課税限度額がある
◆納税資金を確保することができる
◆不動産や株式のように値下がりを心配する必要がない

現金を贈与すると、もらった人の使い方が心配になることもありますが、自分で保険に加入すれば確実で安心です。

▼終身保険は相続税対策に最適

生命保険の種類には、「終身保険」「養老保険」「定期保険」「定期付終身保険」「年金保険」など、さまざまなタイプがあります。

その中から、相続税対策に適した保険商品を見分けることは、だんだん難しくなってきています。

ただ、前述の〝500万円×法定相続人の数の非課税限度額〟を利用するには、一生涯保障が続く**終身保険**に加入していると確実で安心です。

養老保険や定期保険には満期があります。養老保険であれば、満期になると現金・預金に変わりますが、定期保険は最悪の場合、お金としては何も残りません。

終身保険の場合は満期がありませんので、安心して長生きができます。

ただし、終身保険の加入時期や保険料の支払い方法によっては、

保険金としてもらう金額よりも保険料の掛金の方が多くなる

というケースもありますので、注意が必要です。

▼配偶者の生命保険金の死亡受取は検討事項

では、生命保険金の受取人を誰にすれば一番有利かを考えてみます。

配偶者についてては、「相続税の配偶者の税額軽減」という特典があります。これは、被相続人の配偶者が相続、または遺贈により取得した正味の遺産額が、次の（1）（2）の金額のうちいずれか多い金額に達するまでは、配偶者に相続税はかからないという制度です。

（1）1億6千万円
（2）配偶者の法定相続分相当額

たとえば、父親が亡くなったときに、法定相続人1人当たり500万円の非課税枠を誰が使えばいいでしょうか。

相続税のかからない保険金は、税金がほとんどかからない母親よりも、相続税がかかる子どもに非課税枠を使う方が有利です。

非課税枠は父親・母親両方の相続時に活用したいところです。ですから、一次相続と二次相続に備えて、ダブルで終身保険に加入することを検討しましょう。

方法としては、まず終身保険に加入します。このとき、

契約者を父親とし、
被保険者を母親として、
父親が保険料を支払います。

父親の相続発生時に、母親がその契約を引き継いで保険料を払えば、非課税枠が父親・母親の両方の相続時にダブルで活用できるというわけです。

▼すぐに効果が出る方法

今日、高齢者が主に加入している定期付終身保険では、60歳までは手厚い保険金が付されていますが、60歳を過ぎると保険金は数百万円と一気に下がってしまいます。70歳以上の高齢者の大半の方には、この程度の死亡保障しか付いていないのが現状です。

たとえば、相続人の数が3人の場合は、1500万円（500万円×3人）の非課税枠があり、定期付終身保険で、500万円の終身保険が残っていたとすると、1000万円の非課税枠が残ります。そうであれば、1000万円の預金を下ろして同額の一時払い（契約時の一括払い）の終身保険に入ると、この1000万円分の相続財産を減らせます。

この保険は、加入契約してすぐに万一のことがあったとしても、受け取り金額が保障されていますから、これを上手に使う方が有利です。

ただし、通常、生命保険は最高年齢80歳までの人しか保険に入れません。また、健康診断の結果で加入できないという問題も考えておく必要はあります。

生命保険については、早めに、そして健康なうちに加入するのがポイントです。

ほかに、不動産や投資信託などを活用する方法もありますが、長い期間でコストがかかり、リスクも大きいので注意が必要です。

3 争族防止のために贈与を使って保険に加入する2つの理由

夫 うちは自宅が主な財産だけど、将来、俺が死んだらどうする?
妻 私の方が長生きすると思うから、自宅は私の名前にしておいてほしいわ。
夫 お前が死んだあとはどうする?
妻 長男は転勤先でマイホームを買ったものね。
夫 次男は商売しているけれど、音沙汰がないしな。
妻 長男は、定年退職後は家に帰りたいと言っていたけど……。
夫 ああ、そうか。少しは安心したよ。
妻 それが、長男と次男は実は仲が良くないみたいなの。
夫 そうなのか。それは困ったことだな。
妻 何かいい方法はないかしら……。

▼保険金による「代償分割」で相続がスムーズに

現行の民法に変わってから、まもなく50年になろうとしています。しかし、いまだに兄弟間の相続争い、すなわち「争続」の問題が多く発生しています。

「うちの子どもたちは仲がいいから大丈夫だよ」

と言う被相続人（親）は少なくありません。

親の目が黒いうちは、良好な関係に見えていた子どもたち。しかし、いざ相続となったらもめるケースは本当に多く見られます。

もともと不仲だったご家族がもめるなら理解できますが、円満だった兄弟が、相続によって突然不仲になるのはよくある話なのです。

では、なぜ相続トラブルが発生するのでしょうか。

理由の一つとして、「さまざまな財産が対象となる」という相続の性格が話をややこしくしている側面があります。

たとえば、遺産が現金・預金のみの場合は、法定相続分に応じた分割でスムーズに終わります。私はいくら、あなたはいくらと振り分けるだけで、なんら争うことなく相続が終わるわけです。

ところが、そこに自宅、不動産、株、車、あるいは被相続人が大切にしていた高価な品などが絡んでくると、法定相続分に基づく分割がしにくくなります。

また、円満だった兄弟それぞれが配偶者を持つことで調整が難しくなります。兄弟同士で話し合っていると、外野から夫や嫁が口を挟んできて、まとまる話もまとまらなくなってしまう、というのもありがちなケースです。

このほかにも、もめる要素はいくらでもあります。

たとえば、兄弟間の教育の不平等です。

兄「お前だけ大学まで行かせてもらったじゃないか。それを考えれば、少しは譲歩してくれたっていいだろう」

妹「それと相続は別問題よ。子どもが教育で親の援助を受けるのは当たり前でしょ」

あるいは、介護の負担の不平等も問題になります。

兄「俺は10年も親父の介護をしてきたんだ。お前は、その間、知らん顔だったじゃないか」
弟「それは長男の務めなんだから、仕方ないじゃないか。その分、自宅をそのまま引き継げるだろ。それに代わるものを兄貴が出してくれれば、俺だって納得するよ」
兄「そんなこと言ったって、介護費用がかさんで、うちに貯金はないぞ。親父の現金は葬式代くらいしかもう残っていないよ」

このように、さまざまな事情やいきさつがもとで「争続」に発展してしまうと、相続の発生後になかなか遺産分割協議が進まなくなってしまいます。

特に、主な相続財産が自宅のみといったケースでは、兄弟間で平等に財産分けをしようにも分けられません。

最悪のケースでは、自宅を売却してお金で分けようということにもなりかねません。

自宅を相続した人が十分な現金を持っていれば、自宅をもらった代償として他の兄弟に現金を支払うことで、このような「争族」が起こるリスクを回避しやすくなります。こういう方法を**「代償分割」**と言いますが、よく行われるやり方です。

しかし、そのためには自宅を相続した側にその資力がなければなりません。そこで、自宅を相続する人を受取人とする生命保険に加入しておけば、その保険金を代償金とすることができます。

遺産が預金の場合は、相続人の間で遺産分割協議が終わるまで、被相続人名義の口座から預金の引き出しをすることができません。その点、生命保険なら遺産分割協議がまとまらなくても、受取人が請求すればすぐに保険金を受け取ることができるというのもメリットの一つです。

具体的には、生前贈与で長男に、

親が保険料相当額を贈与して、
親を被保険者とし、
受取人を長男とする

図表 4-6　生命保険を利用した代償分割

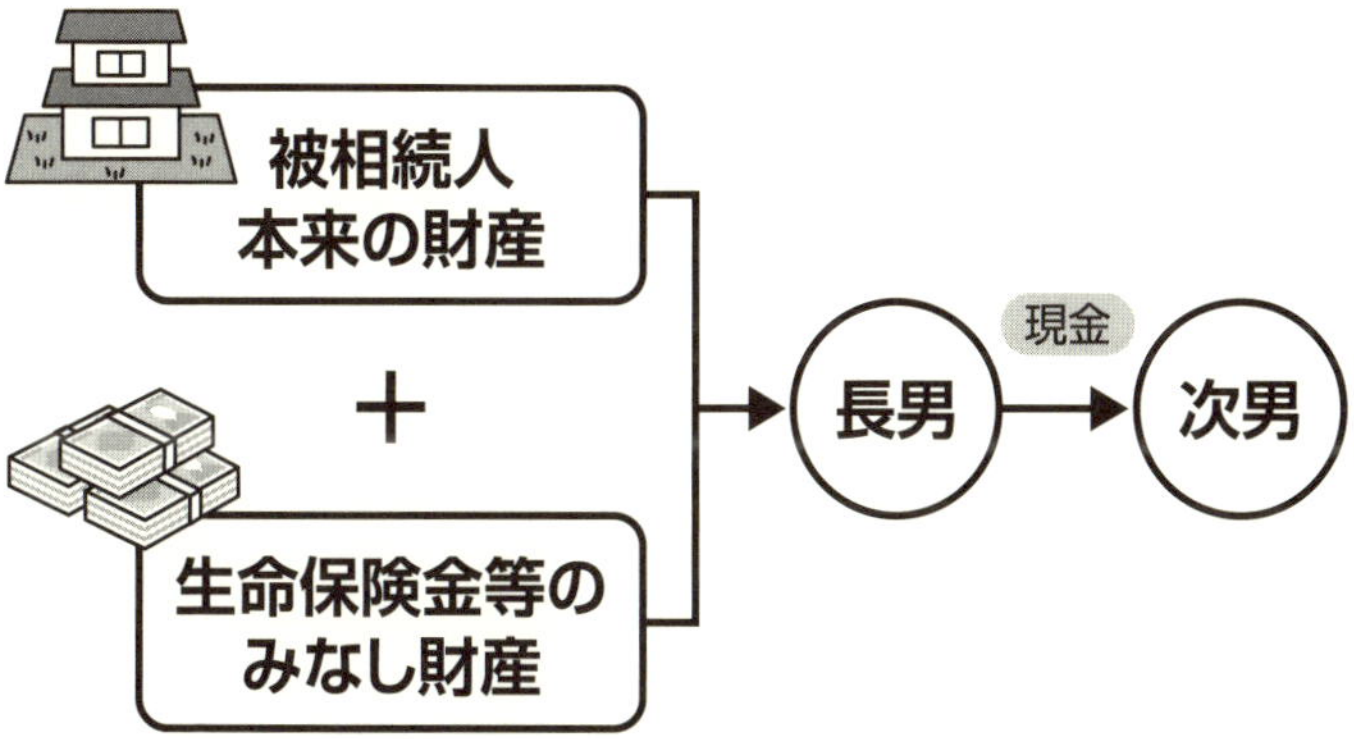

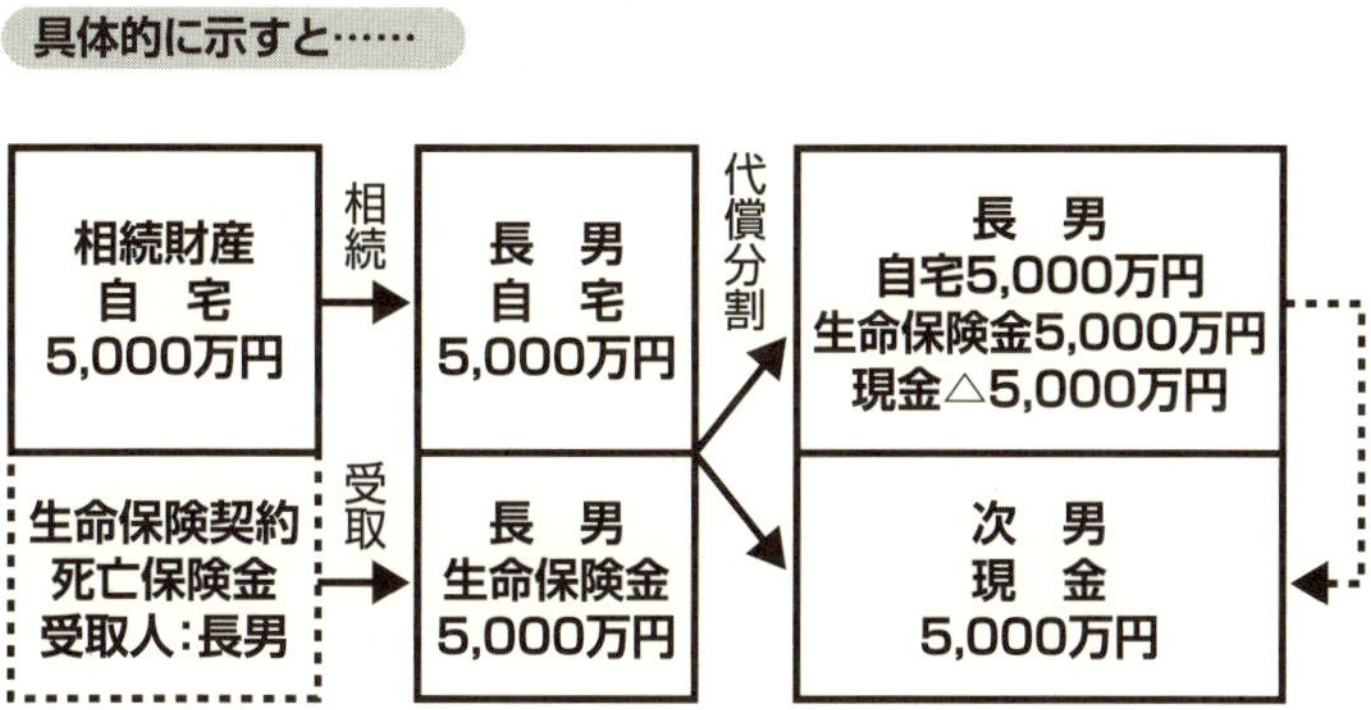

生命保険に加入します。そして、親の死後に長男が受けとった生命保険金の一部を次男に分けるという**〝代償分割〟**に利用すると、非常に効果があります（図表4-6）。

また、こうすることで長男が自宅を相続し、次世代に伝承することもできます。

生命保険を利用した代償分割の注意ポイントは、**「受取人を誰にするか精査する」**ということです。

自宅や所有地などの不動産はあるものの、「現金・預金はそれほどない」という家庭では、主な相続財産が自宅のみとなります。

たとえば、長男が自宅を引き継ぎ、次男を保険金の受取人に設定した場合、保険金は次男の固有財産になるうえ、次男は自宅に対して法定相続分を主張することもできてしまいます。

ですから、相続を取り仕切る役目を長男に担わせたいのなら、長男を保険金の受取人にして、その保険金を兄弟姉妹に渡して代償分割を進めるという方がスムーズです。

教育や介護の負担について不平等の問題があった前述の3人兄弟のケースは実際にあった話です。しかし、兄が代々続いてきた家を引き継ぎ、弟と妹はその代わりに納得できるだけの現金を受け取ることで、丸く収めることができました。

▼自宅の相続における親子間のギャップ

私のもとには、ご高齢の方からの相続相談だけでなく、30～50代の比較的働き盛りの世代からの相談も数多くあります。

働き盛り世代の相談者の場合、「被相続人である親が相続対策をまったくしていないので心配で仕方ない！」ということで駆け込んでくる方が大半です。

被相続人（親）が何ら対策を取っていないのは、被相続人がかつて相続をしたときにはさほど問題が起こらなかったから、という理由が多いようです。

なぜ、被相続人である親が相続で苦労しなかったのかというと、昔は自宅敷地の土地評価額が低かったため、相続税を払わなくて済んだからです。近い将来、相続税を支払わなくてはならない相続人（子）の大変さがまったく理解できていないというわけです。

しかし、現代では、自宅敷地の土地評価額が高くなっており、昔とは事情がまったく異なります（図表4-7）。さらに、冒頭に述べたように、平成27年から施行された相続税法の改正で、基礎控除の縮小により相続税がかかるケースが実際に発生してきています。

これでは、相続する側の子どもはたまったものではありません。

図表 4-7

特に都市部の方は要注意!
昔は相続税が発生しなかった敷地でも
今は地価が上がって相続対象になることも多い!
昔
相続税の発生がほとんどない
今
多額の相続税が発生!!

特に都市部に自宅があり、その自宅が相続財産の大半を占めてしまっている場合には、自宅に対して多額の相続税がかかるとともに、相続税を払う現金を用意しにくいことが予想されます。

このような状況に対して、被相続人である親が何ら手立てをほどこさなければ、相続時に自宅を売却して相続税を払うしかありません。

もし、あなたが相続人（子）の側であれば、本書で学んだ知識を活かして、被相続人（親）に相続における保険活用の有用性をレクチャーしてください。

ただ、被相続人（親）が保険に加入すれば、相続対策が終わりというわけではありません。保険加入は相続対策の「一部分でしかない」というのも事実なのです。

十分な相続対策をするためには、まず、**相続財産の全容をつかんだうえで適切な手立てを打っていく**必要があります。

▼「代償分割」以外の3つの遺産分割方法

前項では、生命保険によって「代償分割がスムーズに進む」ということについて解説しました。

代償分割というキーワードが出てきましたので、ここで相続における遺産分割の基本的な考え方についてお話ししておきたいと思います。

代償分割以外の遺産の分割方法としては、**「現物分割」「共有分割」「換価分割」**などもあります。この考え方を相続人の間で共有していると、遺産分割協議を進めるうえでの土台になります。

◆現物分割

現物分割とは、その名の通り、遺産をそのままの状態で相続分に応じて分割することを言います。

たとえば、妻は自宅、長男は被相続人（親）が経営していた会社を引き継ぎ、次男はその他の不動産物件を、というように各自が遺産をそのまま取得するというケースです。

現物分割のデメリットは、不公平感が生まれやすい点です。

現物で分割する以上、相続した遺産がどうしても法定相続分通りになりにくいのです。

現物分割では、相続人同士が納得できる分割を話し合えるかがポイントになります。

◆換価分割

換価分割とは、相続財産のすべて、あるいは一部を現金に換えて、複数の相続人で分割することを言います。

たとえば、一つの土地を複数の相続人で相続するとき、その土地を処分して売却額を分割することに全員が賛同できるなら、売却して遺産分割しやすい現金に換えた方がスムーズです。

換価分割では、現金に換えやすい土地・有価証券などが対象になることが多いのですが、これらを売却するときには、所得税や住民税が発生して相続財産が目減りするというデメリットがあります。

◆共有分割

共有分割とは、それぞれの相続分に応じて、相続財産を全員で共有することで、結果的に分割するものを言います。

このような手段を取るのは、相続人の関係が良好なケースが多いのですが、この選択をしたことによって、将来的にトラブルの火種になることも少なくありません。

たとえば、仲の良い長男と次男がビルを共有分割としたとしましょう。しばらくの間は収入も半分、経費も半分という取り決めで何の問題もなかったのですが、長男が亡くなり、その息子2人がこれを引き継ぐことになりました。

このうちの1人がビルを売却したいと言い出しましたが、ほかの2人が納得せず、それがもとでトラブルに発展してしまいます。

このようなリスクを回避するためには、将来のことを見据えながら遺産分割を考えていく必要があります。

▼生命保険絡みの相続トラブル例

ここまで解説してきたように、被相続人（親）が生命保険に入っていれば、「相続税を支払う資金がつくれる」「代償分割がしやすくなる」というメリットがあります。

しかし、ほんのちょっとしたことが原因で、「生命保険絡みの相続トラブル」が発生してしまうということにもなりかねません。

たとえば、私が実際に経験した話として、被相続人（親）が単一の生命保険に入っており、その受取人が長男と次男の2人に設定されていて、それぞれが2分の1ずつ受け取るというケースがありました。

私はこの件が気になって、保険会社の方に会うたびに、「受取人が複数に設定されている場合、保険金の振り込みはどうするの？」と確認したのですが、ほとんどの保険会社が「代表者に振り込みますね」と答えました。

昔は保険会社の方で分割して入金してくれるケースもあったようですが、今では代表者への振り込みが中心になっているということがうかがえます。

つまり、長男と次男が2分の1の受取人となっている生命保険は、被保険者が亡くなった

図表4-8

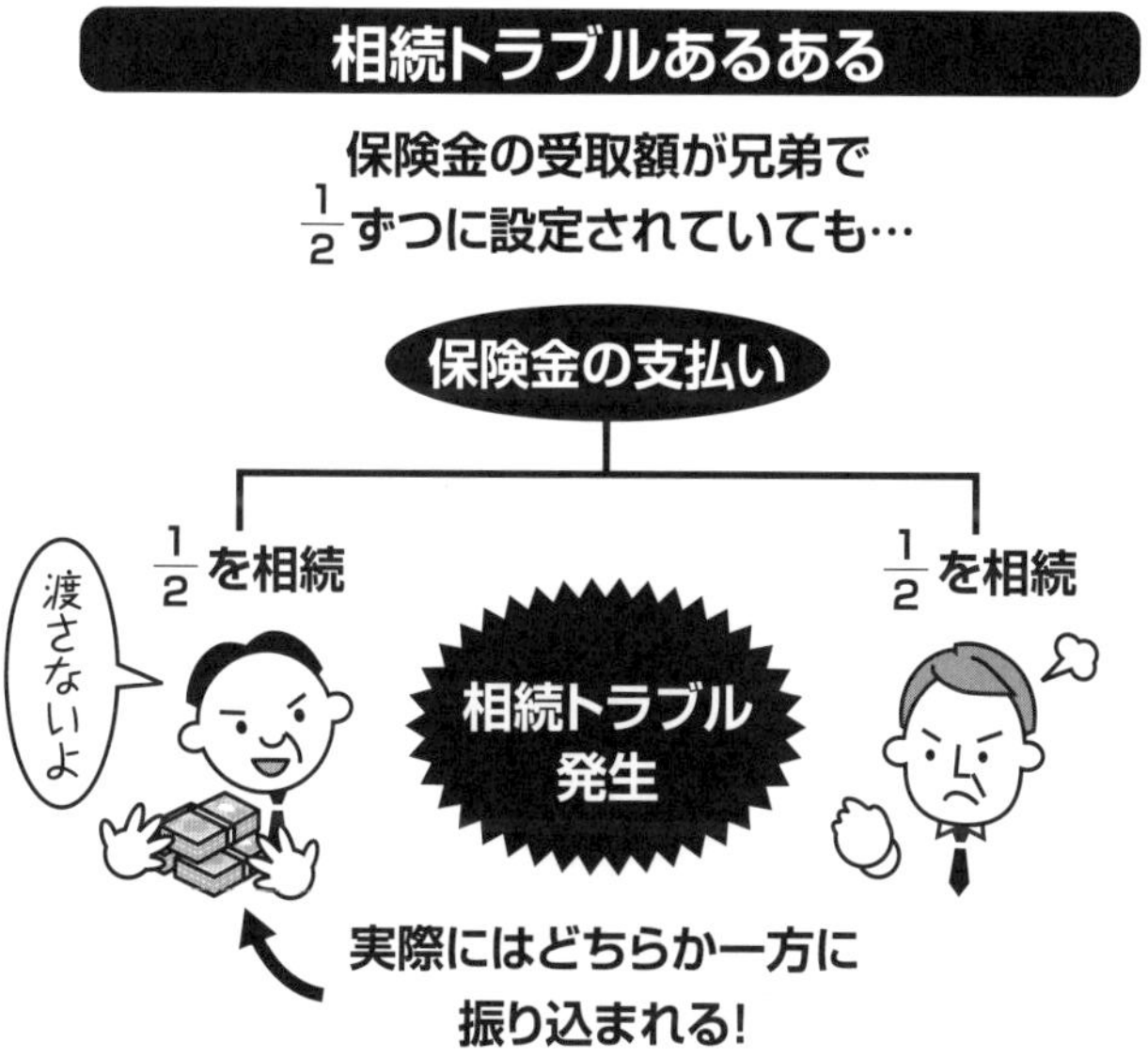

ときには長男と次男のどちらか一方の代表者に保険金が振り込まれるのですが、これが元でトラブルになるケースも想定されます。

代表者がもう一方の相続人に対して、素直に受取人ごとの割合の保険金を支払えば問題ないのですが、互いに折り合いが悪かったり、他の財産との兼ね合いによって相続の話し合いがうまくいっていなかったりすると、たちまち相続トラブルに発展してしまうというわけです（図表4-8）。

もし、長男と次男それぞれを保険金の受取人にしたい場合は、2つの保険に加入して受取人を各自に設定しておけば、そうしたトラブルを防ぐことができます。

ちなみに、すでに加入している保険の受取人を変えたい場合、受取人の再指定も可能ですので、まずは保険会社に確認してみるといいでしょう。


さて、これからご紹介する2つのケースは、「本当にそんなことあるの？」と思えるような話ですが、実際によくあるケースです。

どちらも原因は「保険金受取人変更の失念」です。


一つめは、妻に保険金が振り込まれると思っていたが、保険証券を確認すると、受取人が前妻になっていたというケース。これは、単純に被相続人（ご主人）が名義変更の手続きを忘れていたことによるようです。

似たようなケースでは、同様に妻に保険金が振り込まれるはずなのに、受取人が親になっていた、というものもあります。

もう一つは、被相続人が結婚前から保険に加入していたケース。親が加入手続きをして、保険料は被相続人が負担していたのですが、結婚後もそれをそのまま継続していました。

妻は、夫の銀行口座から毎月保険料の引き落としがあることを知っていたので、当然自分が保険金の受取人だと思い込んでいたのですが、受取人は夫の親のままになっていました。そして、夫が亡くなったときには親がまだ健在だったので、残念ながら妻は保険金を受取れなくなってしまいました。

こうしたうっかりトラブルを防ぐためには、定期的に保険証券を確認して棚卸をすることをお勧めします。

加入しているすべての保険証券を見て、保障期間、保険の種類、受取人や受取金額を確認することです。そして、少しでも不安があるようなら、保険会社に直接問い合わせをしましょう。

また、保険会社から定期的に送付されてくる保険の加入状況のお知らせにもきちんと目を通しましょう。これだけで、不要な相続トラブルを防ぐことができます。

▼相続対策における生命保険のメリット

相続対策における生命保険のメリットを振り返ってみましょう。
次の3つが主なメリットです。

●メリット1　被相続人（親）が亡くなったときに発生する相続税を支払うための現金に充てることができる。

●メリット2　特に、自宅が主な相続財産の場合、代償分割がしやすくなり、代々続いてきた家をしっかり守れる。

●メリット3　生前贈与した現金を相続人（子）の保険料に充て、被保険者を被相続人（親）に設定することで相続税の準備資金になる。

一方で、生命保険を利用した相続対策には注意ポイントがあります。

当然ですが、被相続人や相続人が生前贈与をしているつもりでも、それが税務署に否認されれば意味がありません。

生前贈与をする前提としては、いくら親子間のやりとりでも、贈与契約書を取り交わす必要があります。また、贈与契約書は毎年取り交わすことが基本となります。

これに加えて、次の3点が生前贈与時の主なポイントになります。

①年間の贈与額が110万円を超えるときは贈与税の申告書を提出する。
②生命保険料控除を相続人（子）に適用し、被相続人（親）には適用しない。
③被相続人（親）から相続人（子）の預金口座に現金を振り込み、相続人が保険料を支出すること。被相続人から直接、保険料を支払わない。

①は生前贈与全般の注意点、②と③は生前贈与と保険を組み合わせたときの注意点です。

補足ポイントとしては、生前贈与の現金が振り込まれたり、保険金が引き落とされたりする通帳と、その口座の印鑑は、相続人自身が管理しておくことです。

もし、この通帳や印鑑を被相続人が管理していることが発覚すれば、税務署から生前贈与を否認されることもあります。

▼生命保険に加入時の注意事項

●受け取れる死亡保険金の額は適切か？

相続が発生したときの相続税額・葬儀費用・遺産分割の代償金・遺族の生活保障など、保険金の使途を明確にし、契約する保険金額を決定する。

●一生涯の死亡保障はあるか？

相続はいつ発生するかわからないため、相続対策の場合は、主契約を終身（死亡保障が一生涯続く保険）としなければならない。

●契約者・被保険者・受取人の設定は適切か？

保険金の使途に応じて適切な受取人を設定する。また、契約形態による税金を把握しておかなければならない。

どうでしょうか。生命保険も遺言に似ていると思いませんか？

「自分にもしものことがあれば、妻子が困らないように必要な保障額を遺してあげたい。だから死亡保険金受取人を妻100％と指定する」

そのように、生前に自分が死んで支払われる保険金の支払先を指定する点でも、遺言と同じ効果があります。

受取人は契約する人が指定しますが、遺言書で遺産相続人を指定するのと同じ効果を持つことになります。

また、法定相続人に思い通りに財産を残せるだけではなく、法定相続人以外の親族にも財産を残すことができます。

たとえば、相続人ではない、息子のお嫁さんなどを生命保険金の受取人に指定することで財産を残すことができるわけです。

さらに、どのような保険に加入するかということについても充分配慮すべきです。

図表4-9　ケース別　受取人・契約者の変更例

保険料負担者	被保険者	保険金受取人	変更のやり方
父	父（死亡）	孫	非課税枠等を有効に使うため受取人を子にする
父	父（死亡）	母	納税資金の確保のために受取人を子にする
母	父（死亡）	子	贈与にならないように受取人を母にする
父	父（死亡）	子	大きな保険金を一時所得としてもらうために保険料負担者は子にする
父	満期	子	贈与にならないよう受取人を父にする

保険料の払込方法によっては、大きな効果が得られないケースも考えられます。

生命保険は「納税資金」と「安心」が売り物です。

不動産と違って部分解約もできますし、評価額の値下がりを心配したりすることもありません。

ただし、契約する保険会社や保険商品の特徴をよく知り、安全性を考慮したうえで目的別に選ぶことが大切です。

生命保険を徹底的に活用し、生前贈与に成功して安心な生活を送ってください。

第5章

賢く活用しよう、贈与税の各種優遇措置

たとえば、子や孫が大学に進学する際に必要な入学金や学費などの教育資金、年頃になって結婚したら挙式代などの結婚資金、あるいは、人生の最大の買い物のひとつであるマイホームの頭金に充てる住宅資金など、人生のさまざまな場面で、多額の支出をともなう資金が必要なときがあります。

そうした場面に有利な贈与制度があります。

この章で紹介する各種制度があることによって、高齢者はより贈与をしやすくなる環境になっています。

日本の個人金融資産1600兆円のうち、6割強は60歳以上の高齢者が保有しています。そこで、贈与による若年層への資金移転を促し、もたつく消費を刺激するという狙いもあるわけです。

ただし、計画的に贈与制度を活用しないと相続税の節税に役立たなかったり、高齢者の家計が逼迫《ひっぱく》したりする場合がありますので注意が必要です。

この章では、教育資金の一括贈与、結婚・育児資金一括贈与、住宅取得等資金贈与、そして、贈与税の配偶者控除について説明します。

こうした優遇措置を賢く利用すれば、生前贈与の贈与税を節税しながら、家族を幸福にする「生き金」とすることもできるわけです。

1 教育資金の一括贈与に係る贈与税の非課税措置

夫　今年の4月から、長男のところの孫が中学校に入学するね。
妻　そうね。早いわね。もう中学生なんだわ。
夫　小学生と違って将来のこともあるし、頑張ってもらわないと。
妻　もっと塾に通わないといけないかしら？
夫　そうだけど、あんまり詰め込みすぎても可哀想かな。
妻　でも、そんなこと言っていられないと思うけど。
夫　塾に行くなら、お金もかかるね。
妻　私たちで応援してあげる？

▼教育資金1500万円までの贈与が非課税に

世の中で一番配当の高い投資先は「自分」です。

次に配当の高い投資先は「身内」です。

奥さんに、旦那さんに、子どもに、孫たちに投資をするわけです。

この場合の投資とは、どんなことでしょうか。

「時間やお金などをかけること」でしょうか？

イヤイヤ習わせる習い事や気の進まないお受験は「投資」などではなく、「浪費だ」と私は考えます。


平成25年4月より、教育資金の一括贈与の非課税制度が導入されました（図表5−1）。

それまでも、祖父母や親が、その都度直接、子や孫の学校に授業料を払い込む場合の贈与税は非課税でしたが、今回の**「教育資金の一括贈与に係る贈与税の非課税措置」**は事前に教育資金を贈与しておく制度です。

具体的には、一定の要件を満たせば1500万円まで非課税になります。

図表5-1　教育資金の一括贈与の非課税制度の概要

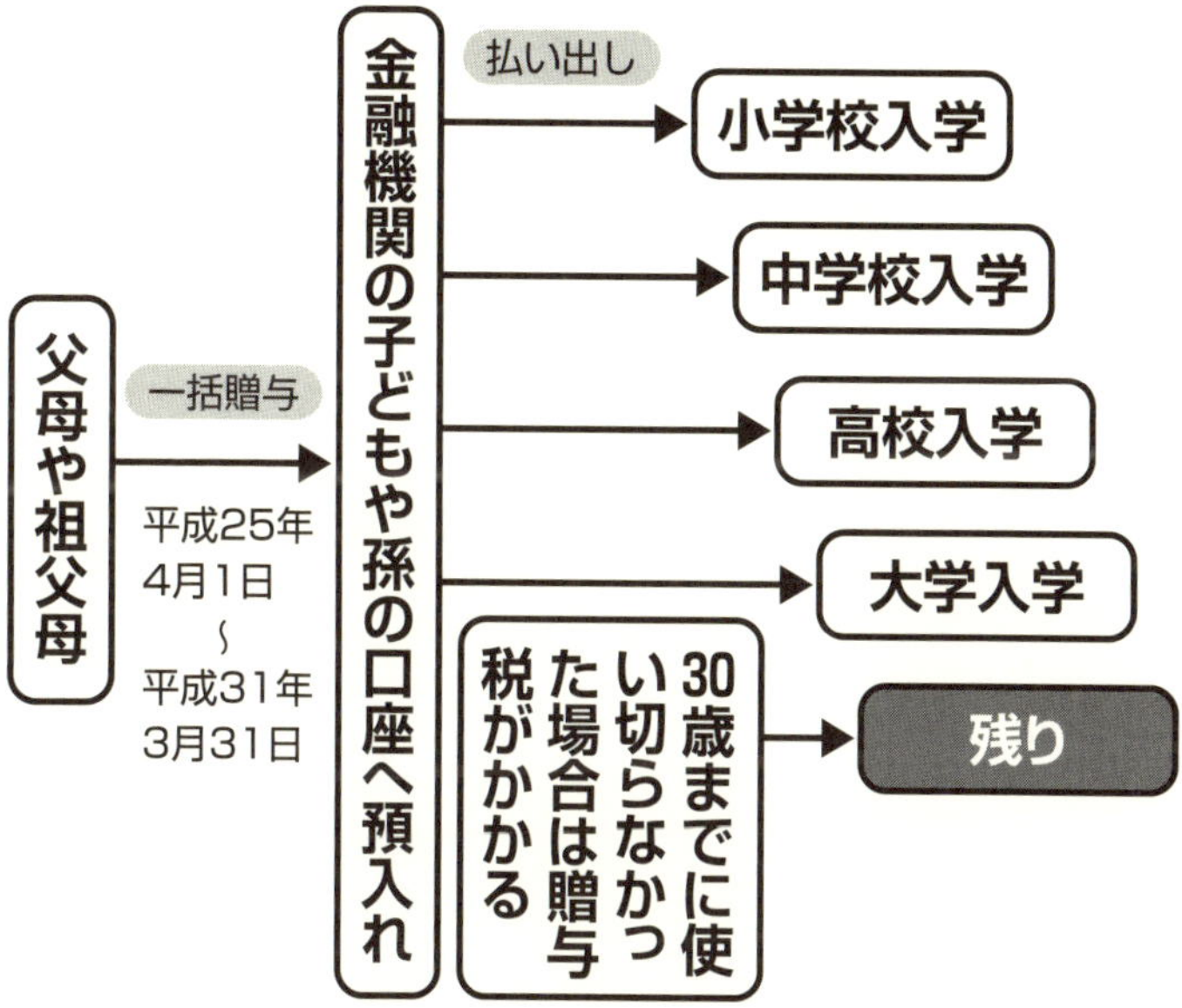

◆贈与税が非課税となる期間

教育資金の一括贈与に係る贈与税が非課税となる期間は、平成25年4月1日から平成31年12月31日までです。

前述したように、相続開始前3年以内の贈与は、相続財産の価額に贈与財産の価額を加算されます。しかし、教育資金の贈与の非課税特例を適用したものは、相続開始前3年以内の贈与の加算対象にはなりません。

また、この特例が適用されても、相続時精算課税や暦年課税の非課税枠に影響はありません。

◆非課税となる金額

非課税限度額は1人当たり1500万円です（学校等以外の者に支払われるものについては1500万円のうち500万円が限度）。

ただし、受贈者（もらった人）が30歳に達した際に、使われずに残ったものがあれば、受贈者が30歳になった日に贈与があったものとみなして、残額に対して贈与税が発生します。

◆教育資金の払込方法

教育資金口座（以下の3種類）を開設し、そこに拠出します。

①信託銀行に信託
②贈与契約書により取得した金銭を取扱銀行等に預入
③贈与契約書により取得した金銭や証券会社等で有価証券を購入

すると、教育資金口座を開設した金融機関が、「教育資金非課税申告書」を税務署に提出してくれます。

また、拠出は非課税期間の中で一括贈与しなくても、たとえば平成28年に口座を開設し、

29年、30年と追加で教育資金を贈与するといったこともできます。
その場合は「追加教育資金非課税申告書」が必要となります。

◆対象者

贈与者（あげる人）：直系尊属（祖父母・父母）
受贈者（もらう人）：子・孫（30歳未満）

◆教育資金口座からの払出し

教育資金の支払いを行った場合、支払いの事実を証明する書類（基本は領収証。学校や学校等以外で必要と認められて業者から直接購入する場合は、その者が必要と認めた書類も必要）を、教育口座資金を開設した金融機関等に提出します。

なお、資金を預けるときも払い出すときも、金融機関によっては手数料が不要なところもあります。

また、「大学に入学金を払いたい」などと申し出れば、必要額を教育機関に直接振り込んでもらう「振込み払い」を利用できるところもあります。

各信託銀行等の資料を取り寄せ、自分のニーズに合うところを選択すべきです。

文部科学省のホームページによれば、教育資金の定義は次のようになっています。

◎教育資金とは?

学校等に対して直接支払われる次のような金銭
①入学金、授業料、入園料、保育料、施設設備費、入学試験の検定料など
②学用品費、修学旅行費、学校給食費など
③通学定期代や留学のための渡航費

◎学校等とは?

①幼稚園、小学校、中学校、高等学校、大学、大学院、専修学校、各種学校、認定子ども園や保育所など
②外国の教育施設
・外国にあるもの:日本人学校など
・国内にあるもの:インターナショナルスクール(国際的な機関に認定されたもの)、外国大学の日本校、国際連合大学など

◎学校等以外とは?

教育のために支払われるもので、社会通念上相当と認められるもの
①学習（学習塾、家庭教師、そろばんなど）
②スポーツ（スイミングスクール、野球チームでの指導など）
③文化芸術活動（ピアノの個人指導、絵画教室、バレエ教室など）
④教養の向上のための活動（習字、茶道など）

2「結婚・出産・育児」資金の贈与について1000万円の非課税枠

夫　得意先の川田さんの長男が結婚するよ。
妻　それはおめでたいわね。どこで式を挙げるの？
夫　それがディズニーランドなんだって！
妻　あら。じゃあ、ミッキーマウスやミニーちゃんたちもお祝いしてくれるの？
夫　そのようだよ。
妻　それは豪華で楽しみね。そういえば、卓球の愛ちゃんも式を挙げていたわね。
夫　お嫁さんが小学校のときからの夢だったらしい。
妻　夢が叶ってよかったわね。

▼結婚・出産・子育て資金1000万円までの贈与が非課税に

現在、少子高齢化の加速化、未婚率の増加、結婚しない男女や子どもを産まない女性が急増しています。その理由はさまざまと思われますが、特に経済的な問題で収入が思うように得られていないと予測されることが大きく影響しているようです。

平成27年度税制改正において、**「結婚・子育て資金の一括贈与に係る贈与税の非課税措置」**が創設されました。

自民党税制改正大綱では、政策目的を「将来の経済的不安が若年層に結婚・出産を躊躇させる大きな要因の一つとなっていることを踏まえ、祖父母や両親の資産を早期に移転することを通じて、子や孫の結婚・出産・育児を後押しするため、これらに要する資金の一括贈与に係る非課税措置を講ずる」としています。

最近は20歳以上の孫に囲まれる高齢者も多く、この制度によって、孫の結婚やひ孫の誕生を意識して贈与する高齢者が増えることが期待されているのです。

それでは、どんな制度なのか詳しく見ていきましょう。

◆**贈与税が非課税となる期間**

結婚・子育て資金の一括贈与に係る贈与税が非課税となる期間は、平成27年4月1日から平成31年3月31日までの間です。

◆**対象者と非課税となる金額**

祖父母等（直系尊属である贈与者）が、20歳以上50歳未満の子や孫等（受贈者）に対して、結婚・子育て資金の支払いに充てるために金銭等を贈与し、当該受贈者の名義で取扱金融機関に預入等した場合には、受贈者一人につき、最大1000万円までの金額に相当する部分の価額について、贈与税が非課税となります。

◆**非課税となる結婚・子育て資金の金額と範囲**

次の①と②の合算で、最大1000万円まで非課税となります。

①結婚にともなう婚礼、住居および引越しに要する費用のうち、一定のものについて10

00万円の範囲内で最大300万円

一般的に、結婚式の挙式、披露宴代として統計上300万円程度かかるので、この贈与をすれば結婚費用として十分に活用できます。

・挙式や結婚披露宴を開催するために要する挙式代、会場費など（入籍日の1年前以後に支払われたものに限られる）

・結婚を機に移り住むものとして、新たに借りた物件に係る家賃、敷金、共益費、礼金、仲介手数料、契約更新料（入籍日の前後1年以内に締結した賃貸借契約に関するものに限られる。また、当該契約締結日から3年を経過する日までに支払われたものが対象となる）

・結婚を機に移り住む住居先に転居するための引越し代（入籍日の前後1年以内に行ったものに限る）

②妊娠、出産に要する費用、子の医療費、保育料

【妊娠費用】

・人工授精など不妊治療に要する費用

・妊婦検診に要する費用

【出産費用】
・分娩費、入院費、新生児管理保育料、検査・薬剤料、処置・手当料、及び産科医療補償制度掛金など出産のための入院から退院までに要する費用
・出産後1年以内に支払われた産後ケアに要する費用（6泊分または7回分に限る）
※複数の贈与者から最大1000万円の受贈が可能

【育児費用】
・未就学児の子の治療、予防接種、乳幼児検診、医薬品（処方箋に基づくものに限る）に要する費用
・保育園、幼稚園、認定子ども園、ベビーシッター業者等へ支払う入園料、保育料、施設設備費、入園試験の検定料、行事への参加や食事の提供など、育児にともなって必要となる費用
※複数の贈与者から最大1000万円の受贈が可能

◆非課税の適用とならない内容

【結婚費用】

・挙式や結婚披露宴を開催するための費用ではない「結婚情報サービスの利用、結婚コンサルサービスなどの婚活に関する費用」「両家顔合わせ・結納式に要する費用」「婚約指輪、結婚指輪の購入に要する費用」「エステ代」「挙式や結婚披露宴に出席するための交通費（海外渡航費を含む）や宿泊費」「新婚旅行代」

・配偶者や勤務先など、受贈者以外が締結した賃貸借契約に基づくもの、駐車場代（家屋の賃貸借契約とは別に駐車場のみを借りている場合）、地代、光熱費、家具・家電などの設備購入費

・配偶者の転居にかかる費用や不用品の処分費用

【妊娠の費用】

・不妊治療や妊婦検診のために、遠隔地や海外に渡航する際の交通費や宿泊費

【出産の費用】

・出産する病院等に行くための交通費や、海外で出産を行う場合の宿泊費

・産後ケアのために、遠隔地や海外に渡航する際の交通費や宿泊費

【育児費用】

・処方箋に基づかない医薬品代や交通費など

◆開始の手続き

・本非課税措置に対応した預金等の商品を取り扱う金融機関（銀行等）で専用口座を開設のうえ、贈与された金銭の預入等をする。なお、一度に全額ではなく、分割預入が可能

・口座開設に先立ち、贈与者と受贈者の間で、書面により贈与契約を締結する必要がある

・専用口座の開設にあたっては、受贈者から所定の申告書（結婚・子育て資金非課税申告書）を取扱金融機関に提出する

※取扱金融機関以外の金融機関に預入等をしても、本非課税措置の適用を受けることはできない

◆専用口座

・開設可能な専用口座は、受贈者一人につき一つ

・専用口座を一つ開設した受贈者は、他の取扱金融機関や口座開設された金融機関におけ

る他の店舗も含め、別に専用口座は開設できない。二つの口座以上の開設は、一つを除き無効となる

・受贈者が50歳に達した日などに専用口座は終了となり、口座は解約できる
なお、50歳に達した時点で使い残しがあると、贈与税が課税される

◆結婚・子育て資金の払出し

・専用口座から払出した資金を結婚・子育て資金として利用したことを確認するため、領収証等を取扱金融機関に提出する
※領収証等の提出がない払出しや、結婚・子育て資金以外の目的での払出しには、贈与税が課税される

◆贈与を受ける際の注意点

・贈与を受けるには、受贈者は金融機関経由で「結婚・子育て資金非課税申告書」を税務署に提出し、領収証等の一定の書類も提出して資金を払出す
・受贈者が50歳になる前に死亡した場合は、残額に贈与税は課税されない
・贈与者が死亡した場合に使い残しがあれば、相続税の対象となる
ただし、残額に対応する相続税については2割加算の対象にはならない

3 マイホームの援助に贈与の非課税制度を検討しましょう

母 そういえば、お昼に子どもから電話があったわよ。
父 ん？ 珍しいな。
母 たまにしか電話してこないから何事かしらと思ったわよ。どうやら家を買うみたいよ。
父 へえ、お金は大丈夫なのか？
母 何も言ってなかったけど、少しくらいは応援した方がいいんじゃないかしら？
父 そうだな。でも、応援するのはいいけど、贈与税がたくさんかかるならあまり意味はないよな。
母 だけど、せっかく家を買うんだもの。このタイミングで応援してあげなきゃ。
父 うーん、何かいい方法はないものかな？

▼マイホームの購入資金2500万円までの贈与が非課税に

マイホームは非常に高価な買い物なので、手持ち資金で全額支払える人は滅多にいません。そこで、不足分については当然住宅ローンを利用することになります。

マイホームの購入を決断したならば、準備できる頭金（自己資金）と自分の支払い能力からみた住宅ローンの総額を把握することが必要です。

この金額がつかめれば、購入できるマイホームの総額も自ずと決まってきます。

住宅の購入後もゆとりある生活を送るには、購入価格の30％程度の頭金は用意しておきたいものです。

せっかく子どもがマイホームを買うのであれば、タイミングよく贈与をしたいと思うのが親心ですね。

しかし、贈与をしても子どもが高い贈与税を払うことになるのであれば、ありがたさも半減してしまいます。

贈与税を払わない方法としては、相続時精算課税の適用を受けるというものがあります。その場合、2500万円までは贈与税はかかりません。

ただし、贈与者が亡くなったときには、その贈与を受けた財産を相続税の財産に加えて計算することになります。

▼住宅取得等資金の贈与に関する非課税規定

父母、祖父母である直系尊属から住宅取得等資金の贈与を受けた場合の贈与税の非課税については、贈与する年と消費税の改正によって金額が変わります。

ただし、贈与を受けた者のその年の合計所得金額が２０００万円以下の者に限定して適用されます。

注意点としては、納付する贈与税が０円の場合でも申告をしなくてはならないことです。

また、相続時精算課税、住宅取得等資金の贈与、後述する贈与税の配偶者控除等を適用する場合には、納税の有無にかかわらず、期限内に必ず贈与税の申告をしなければ適用がありません。

住宅取得等資金に係る贈与の特例要件（**図表5-2**）、および住宅取得等資金の適用対象となる住宅を表にまとめておきます（**図表5-3**）。

図表 5-2 住宅取得等資金に係る贈与の特例要件

	住宅取得等資金の非課税特例		住宅取得等資金相続時精算課税の特例
贈与税	直系尊属（年齢制限なし）		父母又は祖父母（年齢制限なし）
受贈者	20歳以上の直系卑属（合計所得金額2,000万円以下）		20歳以上の直系卑属で推定相続人
非課税限度額（平成28年10月～29年9月）※	優良住宅	一般住宅	特別控除 2,500万円
	1,200万円	700万円	
贈与対象	受贈者の一定の住宅用家屋の購入・新築・増改築のための金銭の贈与であること（住宅用家屋と共にその敷地のための土地等を取得した場合及び土地の先行取得にも適用がある）		
選択手続	贈与を受けた年の翌年3月15日までに申告		
適用期限	平成31年6月30日まで		
相続発生時の相続財産への加算	非課税の特例のため相続財産への加算なし		贈与財産を贈与時の価額で相続財産に加算

※平成29年以降の非課税限度額

平成29年10月～平成30年9月	優良住宅	1,000万円	一般住宅	500万円
平成30年10月～平成31年6月	優良住宅	800万円	一般住宅	300万円

図表 5-3　住宅取得等資金の適用対象となる住宅

	住宅取得等資金の非課税特例	住宅取得等資金相続時精算課税の特例
①	国内にある住宅であること	
②※	贈与を受けた年の翌年の 3 月 15 日までに、住宅用の家屋の新築もしくは取得又は増改築等をし、入居すること。または、その後遅滞なく入居することが確実と見込まれること	
③	住宅の床面積の 2 分の 1 以上が専ら住居の用に供されるもの	
④	住宅の床面積（登記簿面積）が 50㎡以上 240㎡以下であるもの	
⑤	中古住宅の場合は、更に以下のいずれかを満たしていることが必要 1）マンションなど耐火建築物は築 25 年以内、木造などは築 20 年以内 2）一定の耐震基準をみたすことが建築士等によって証明された住宅	

※翌年の年末までに入居しない場合、当制度は適用されず修正申告が必要となります。

▼住宅ローンを組まれる方

頭金は基本的に一括で支払うため、まとまった金額が必要になります（図表5-4）。

コツコツ貯蓄を続けたけれど、それでも少ないという場合は、どうすればいいでしょう。そんなとき、親から資金援助してもらうことができれば、とても助かりますね。

自己資金が少ない場合は、相続時精算課税制度を活用して、親からの資金援助を受けるのが理想的です。

親からまとまった資金援助を受けることが困難な場合には、まず住宅ローンを活用し、その後、親から資

図表 5-4　ゆとりの資金計画

頭金（20%）＋ 諸費用（5〜8%）＝ 自己資金（25〜30%）

図表 5-5　住宅ローンの借入可能額の例

年収 500 万円、月額返済額 100,000 円、返済期間 35 年、元利均等と仮定

金利	借入可能額	総返済額
1%の場合	3,542 万円	4,199 万円
1.5%の場合	3,260 万円	4,192 万円
2%の場合	3,018 万円	4,199 万円

年収 500 万円、月額返済額 100,000 円、金利を 1%、元利均等と仮定

返済期間	借入可能額	総返済額
25 年の場合	2,653 万円	3,000 万円
30 年の場合	3,109 万円	3,600 万円
35 年の場合	3,018 万円	3,578 万円

※返済期間により、借りられる総額や総返済額が大きく異なることがわかります。

金援助を受けるという方法もあります。

つまり、親からのまとまった贈与は難しいけれど、毎年数十万円程度なら資金援助が受けられるという場合は、返済期間を短縮して、親からのその後の資金援助で早く返済してしまうことも一つの手です（図表5-5）。

▼親からの借金

マイホームを購入するために、子どもが親から資金援助してもらう方法には、資金を借りるケースがあります。

この場合には、**「親子間での金銭の貸し借り」**について、税務署から問題視されがちです。

親子間で金銭の貸し借りをしていたつもりが、**「金銭の贈与」**であると税務署から指摘されてしまい、贈与税を払うことになった方もいます。

そのケースでは、貸し借りの形が「ある時払いの催促なし」であったことなどから、親からの借り入れが「金銭の借り入れ」ではなく「金銭の贈与」であると判断されたためです。

それでは、親からの「金銭の借り入れ」として認められるにはどうすればいいでしょうか。

「金銭の借り入れ」であれば、金融機関からの借入金と同様に、まずは借用書を作成して、借り入れた事実と返済条件を明確にしなければいけません。そして、借用書の記載どおりに約束を守って実行することが大事です。

◆具体的な返済条件の決め方

まずは、毎月の返済額をどうするかですが、子どもの収入に応じた返済額とし、彼らの日常生活に無理が生じないようにします。

毎月の返済額が給料を上回るような設定は認められません。

また、親への返済額は、親以外の金融機関などからの借入金も合算して、全ての借入金を返済した後の残金で生活ができるようにしなければいけません。

◆返済の方法と証明

返済は現金を渡して領収証をもらうよりも、金融機関への振込が望ましいスタイルです。金融機関への振込ならば、通帳に記帳することで、子どもから親への返済の証拠として明確に残ります。

後日、税務署への説明が必要になった際には、通帳を提示すれば、返済の事実を非常に簡単に証明することができます。

返済期間の設定は親の年齢等を考慮し、常識的な範囲で返済期間を設定しましょう。

◆利息も明確に

利息については、社内融資の場合でも1～2％は取られますので、たとえ親子間でも2％程度の利息は付しておくことが安全です。

利息が付されていなくても「金銭の借り入れ」と認められますが、親から子へ「利息相当の贈与」があったと取り扱われることになります（図表5-6）。つまり、利息を付さない場合には、商事利率6％（民事利率5％という考えもあり）で計算した金額の贈与と取り扱われます。

たとえば、借入金額1000万円の場合には、年間の利息は1000万円×6％＝60万円となります。

注意点として、親が利息を受け取った場合には、貸付金の利息は親の雑所得となり、所得税として税金がかかります。なお、親がサラリーマンの方で雑所得の合計が20万円以下であれば、所得税は申告不要ですので、この金額までであれば課税されないことになります。

具体的には、たとえば借入金額1000万円の場合、年間の雑所得は1000万円×2％

図表 5-6　贈与とみなされるケース

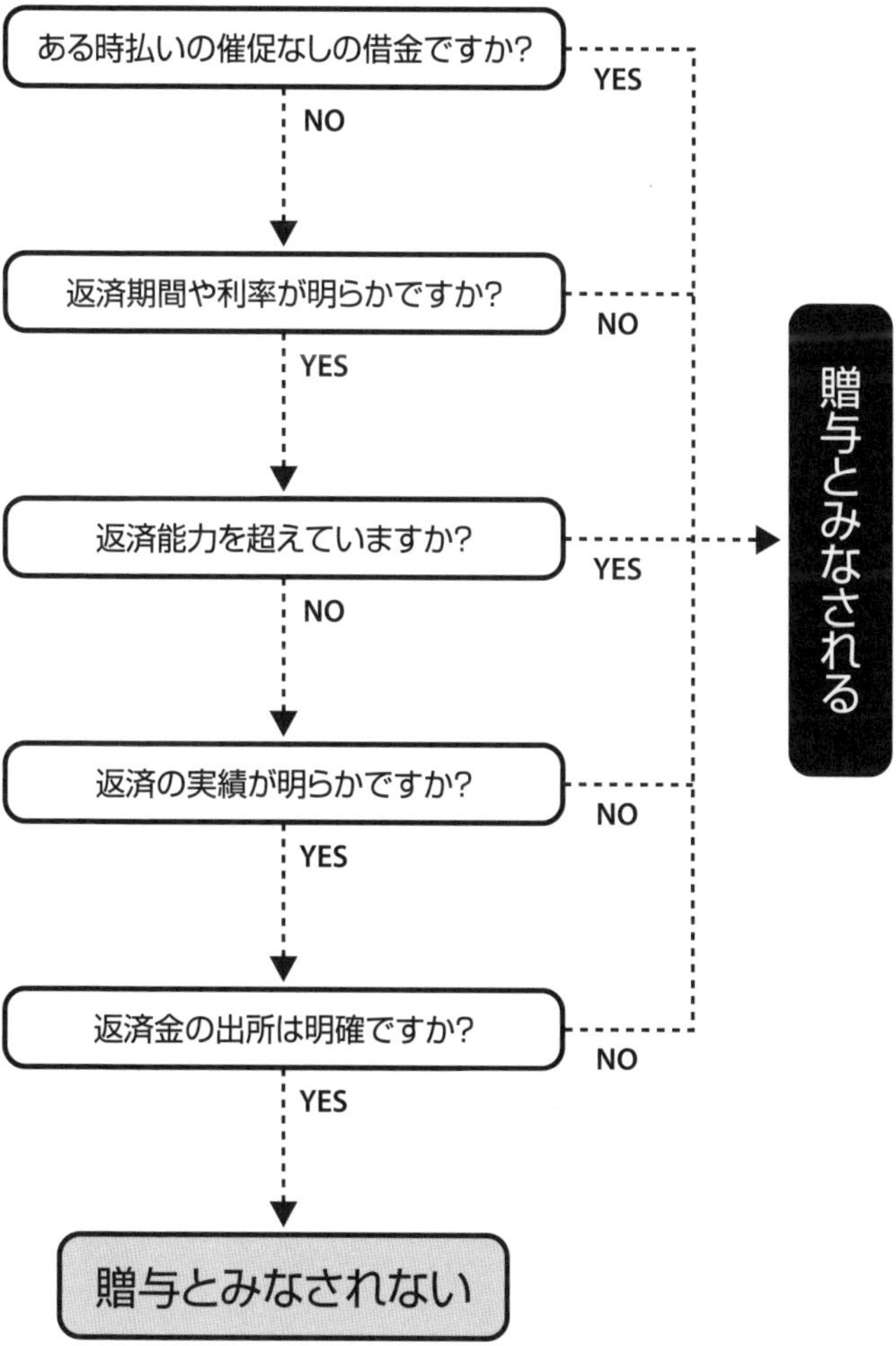

＝20万円となります。この金額であれば、所得税の申告は不要です。

4 婚姻期間20年以上の夫婦は税金0円で自宅を贈与できます

夫 遺言を書くと言っても、どんなことを書けばいいのかな?

妻 私だったら、住むところと、あとはやっぱり老後の生活資金について書いてほしいわね。

夫 そうだろうな。

妻 そうそう、私の友人の薫さんの話なんだけど、ご主人が亡くなったら、自宅を長男の名義にするそうよ。

夫 そんなことはない方がいいけど、もし薫さんよりも長男が先に死んだら大変なんじゃないの?

妻　長男のお嫁さんと薫さんの仲が悪かったら、出て行けと言われかねないものね。
夫　遺言を書くといっても、いろいろなことを考えなければいけないんだな。
妻　そうよね。もめないように、そして家族の将来を考えて書いてもらわないとね。

▼贈与税の配偶者控除は2000万円

自分が死んだ後に、長年連れ添った配偶者の残された生活基盤をしっかり確保しておきたいと考えるのは、おしどり夫婦の場合なら当然のことです。そのためには、生前にきちんと財産を分けておけば安心です。特に、配偶者の生活の基盤である自宅の確保が最優先となるはずです。

その時に活用できるのが、

贈与税の配偶者控除

です。

贈与税の配偶者控除では、夫から妻（または妻から夫）への贈与に対する非課税枠が、

2000万円

となっています。

この非課税枠は、通常の贈与における年間の基礎控除額である110万円も同時に適用できますので、この特例を使う年には合計で、

2110万円

を非課税とすることができます。

この特例は、相続開始前3年以内の贈与財産を相続財産に加算するという税法上の規定からは除外されており、直前の相続対策としても有効です。

▼配偶者への贈与の優遇措置

まず考えてほしいことは、配偶者の住居と老後の生活資金の確保です。

自宅の名義は配偶者にし、将来の生活基盤の確保を考慮して遺言を書くべきです。

嫁と姑の仲というものは、たとえ現在は良好でも先々はわかりません。

たとえば、自宅を子ども名義にしておいたとして、もし将来嫁と姑の仲が悪くなり、不幸にも子どもが先に亡くなってしまったら、嫁に「家から出て行け」と言われかねません。

遺言については、わかっていながらも書いていないというケースが山ほどあるのが現実です。

子どもの頃の生活環境、結婚時の支度金、孫へのお祝いなど……。

この「家」を将来どうしたいのか、「先祖」や「墓」はどう祀りたいのか、そうしたことをきちんと文章にしておくことが大切です。

つまり、配偶者の自宅と老後資金の確保を前提として、

誰が先祖を祀るのか

ということについて、遺言者の生前において、経済的に応援したものを考慮して、相続させる財産を具体的に書くことです。そして、自分の思いを家族に遺すのです。

また、遺言以外の方法としては、居住用不動産について、配偶者への贈与の優遇措置がありますので検討してください。

居住用不動産について、配偶者への贈与は2000万円（基礎控除含め2110万円）までは税金がかかりません。

優遇措置の適用を受ける要件として、次のことが挙げられます。

①婚姻期間が20年以上の夫婦間の贈与であること
②贈与財産は、自分の居住用不動産、または居住用不動産を取得するための金銭であること
③取得日の翌年3月15日までに居住し、その後も引き続きそこに居住する見込みであること
④同一夫婦間において、以前にこの配偶者控除の適用を受けていないこと

⑤納める贈与税の税額がない場合でも、申告の必要がある

※居住用不動産は日本国内にあるものに限られます。
※居住用不動産の敷地には借地権の場合も含みます。
※居住用家屋の敷地のみの贈与も対象となります。
※店舗兼用住宅などの場合には、その居住用部分のみが対象となります。ただし、居住用部分が概ね90%以上であれば「すべてが居住用」とみなされます。

それぞれの要件について、詳しく説明しましょう。

①婚姻期間が20年以上の夫婦間の贈与であること

「婚姻期間が（入籍後）満20年以上」であることが前提です。

結婚してから20年というのは、贈与の時点で婚姻期間が20年以上という意味です。婚姻期間は、婚姻の届出の日から起算してください。

「結婚記念日」と**「婚姻の届出があった日」**は異なる場合がありますので注意してください。

普段は何も気にもしませんが、特例を使う場合には重要になるのです。必ず戸籍で確認し

てから贈与の日を決めましょう。

婚約期間や事実上は婚姻状態だったとしても、未入籍期間は算入されません。

また、再婚の場合であっても、期間の短縮などはありません。

これから結婚する夫婦であれば、特例が適用されるためには、入籍してからあと20年待たなければなりません。

②贈与財産は、自分の居住用不動産、または居住用不動産を取得するための金銭であること

贈与税の税金の対象となる不動産の評価は、相続税評価額となります。

土地の相続税評価額には、

- ◆「路線価方式」（路線価図をもとに算出）
- ◆「倍率方式」（固定資産税評価額に一定の倍率をかけて算出）

の2つがあります。都市部の宅地は「路線価方式」になります。

一方、家屋については、

固定資産税評価額

です。

路線価は、国税庁のホームページから閲覧できる路線価図で、固定資産税評価額は、各市町村の資産税課で、それぞれ確認することができます。

なお、贈与税の配偶者控除においては、居住用不動産の建物面積や築年数などに関する要件がありません。

贈与を受けた配偶者の単独名義にする必要はなく、共有名義でも構いません。

◇財産の贈与は現金より不動産が有利な理由

現金の贈与は、その金額がそのまま100%で評価されます。

土地の相続税評価額は路線価方式により、路線価図をもとに金額が計算されます。また、家屋については固定資産税評価額で評価されます。

相続税評価額は、売買の相場価格などよりもかなり安く考えることができます。

一戸建て住宅の場合には家屋の築年数によって、マンションの場合は土地の持分割合などによって、かなりの差が出ます。

通常、相続税評価額は売買の相場価格の6～8割程度となります。

したがって、贈与するのは不動産のほうが評価が低くなるので、現金よりも有利です。

なお、夫（または妻）名義で新しく住宅を購入し、それをすぐに配偶者へ贈与したような場合には危険です。

その場合、相続税評価額ではなく、不動産を取得するための〝金銭の贈与〟とみなされる恐れがありますので、居住用不動産の現物を贈与する場合には、取得して数年経ってからの方が無難です。

◇贈与後3年以内の相続が開始した場合の取り扱い

一般の贈与の場合には、贈与後3年以内に相続開始となった場合、その贈与された価格を相続の課税価格に加算し、払った贈与税を控除して再計算されます。

そこで、早めに生前贈与をすることが相続対策として有効です。

一方、配偶者控除を適用した場合の贈与では、贈与後3年以内に相続が開始した場合でも、その価格は相続の税金の対象とされません。

たとえ相続が贈与と同じ年に開始し、贈与税の申告前であっても、相続財産として再計算されることはありません。

③取得日の翌年3月15日までに居住し、その後も引き続きそこに居住する見込みであること

現在住んでいる住宅のすべて、または持分を贈与すれば、「翌年3月15日までに居住」という要件もすんなりとクリアできることになります。

問題は、居住用不動産を取得するための金銭の贈与です。

翌年3月15日までに居住

という要件です。

相撲に勝って勝負に負ける

ということにならないようにしなければなりません。

これは、内容では相手に勝っているのに、勝負では負けてしまう勝負弱さのたとえです。

途中経過まではよかったのに、住居の完成が遅れて入居もできないということになってしまっては悲惨です。

新たに建築する場合には、完成引渡しの時期が非常に重要になります。

④同一夫婦間において、以前にこの配偶者控除の適用を受けていないこと

過去において、同じ配偶者から贈与税の配偶者控除適用を受けていないことが前提です。贈与税の配偶者控除は、同じ配偶者に対して一生に一度しか使えません。

もちろん、配偶者が違えば、20年おきにもらうことも可能です。

一組の夫婦について一度だけ適用できます。また、2110万円までの贈与について、贈与税は課税されません（**図表5-7**）。

たとえば離婚した場合、前妻に贈与していたとしても、再婚相手とも20年以上の入籍期間があれば、再び贈与することが可能になります。

一方で、贈与時に、仮に2000万円の非課税枠のうち500万円分しか適用しなかったとしても、残りの1500万円の非課税枠は二度と使えないことになります。

⑤納める贈与税の税額がない場合でも、申告の必要がある

図表5-7　贈与税額の計算例

3,000万円の居住用不動産を贈与された場合

課税価格

3,000万円 － 2,110万円（控除額＋基礎控除額） ＝ 890万円

贈与税額

890万円 × 40% － 125万円 ＝ 231万円

※配偶者控除を受けた場合と受けない場合の贈与税額の比較

贈与を受けた額	配偶者控除あり	配偶者控除なし
1,000万円	0	231万円
2,000万円	0	695万円
3,000万円	231万円	1,195万円
4,000万円	695万円	1,739.5万円
5,000万円	1,195万円	2,289.5万円

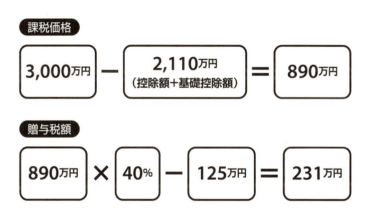

贈与を受けた年の翌年の2月1日から3月15日までに、贈与を受けた方の住所地を所轄する税務署に申告して贈与税を納めます。

納める贈与税の税額がない場合でも、申告する必要があります。

◆贈与税の申告に必要な書類

①贈与の日から10日以上経過した日以後に作成された戸籍の謄本、または抄本及び戸籍の附票の写し（婚姻期間などを証明）
②居住用不動産への居住を開始した日以降に作成された住民票の写し
③贈与を受けた不動産の登記簿謄本・抄本、または登記事項証明書
④相続税評価額のわかる書類（家屋は固定資産税評価証明書、土地は路線価などで評価した明細表・公図・地積測量図など）

なお、登記費用、不動産取得税その他諸費用は通常通りかかります。

また、住宅ローンの返済中であっても贈与はできますが、ローンの借入先との間に手続きが必要な場合もあります。

5 贈与税の配偶者控除が有利とは限らない2つの理由

夫　今回、自宅を贈与しようと思っているんだけど、どんな気持ちかな?
妻　私はうれしいわよ。
夫　そうかい?
妻　自分の名義になると気持ちが違うもの。
夫　そうか、それはよかった。
妻　ところで、税金上で本当に有利よね。
夫　そりゃあ2000万円まで無税で贈与できるからね。
妻　そうよね。どうもありがとう。

贈与税の配偶者控除は本当に有利なのでしょうか。
詳しく見ていきましょう。

▼相続財産が相続税の基礎控除以下の場合

贈与税の配偶者控除は、相続税対策の一つの手段です。

将来の死亡時の相続財産が相続税の基礎控除、

3000万円＋（600万円×法定相続人の数）

これ以下のときは相続税がかかりませんので、相続する財産が相続税の基礎控除以下の場合には、生前に財産を配偶者に移しておく必要はないかもしれません。

しかし、**「親子や嫁姑の仲が良好でない」「兄弟姉妹間が不仲」**というような特段の理由などで、あらかじめ少しでも配偶者に財産を譲っておきたいという事情があるなら、**配偶者控除の特例**を使うべきです。

また、贈与税の配偶者控除は申告する必要がありますが、相続税がかからなければ申告の必要はありません。

以上のことをよく検討したうえで判断してください。

▼贈与を受けた人が先に亡くなるケース

勝つも負けるも時の運

と言われます。

相続もそのときの運に左右されるものです。

贈与を受ける「配偶者」と言っても、現実には、贈与を受けた人は妻であることの方が圧倒的に多いようです。

しかし、贈与した方（夫）から先に相続が開始するという保証は全くありません。

せっかく贈与を行っても、先に贈与を受けた人（妻）が死亡して、その物件がまた贈与者（夫）に戻ることも、稀ですがあります。

そうは言っても、贈与税の配偶者控除はなかなかいい制度ですので、活用を検討してください。

第5章のまとめ

従前からあった住宅取得等資金贈与、贈与税の配偶者控除に加え、平成25年4月からは、子や孫が大学に進学する際に必要な入学金や学費などの教育資金の一括贈与、また、平成27年4月からは「結婚・出産・育児」資金の贈与について、新たに1000万円の非課税枠が創設されました。

通常の暦年贈与の基礎控除110万円に加え、結婚、教育、住宅など多額の支出が見込まれるライフステージで、贈与税のさまざまな優遇措置が揃っています。

●教育資金の一括贈与について

教育資金の一括贈与は、その都度贈与と一括贈与の違いを理解して、上手に活用してください。

教育資金の一括贈与では、祖父母や父母が、30歳未満の子や孫に対して贈与をする場合、最大1500万円まで贈与税は課税されません。

手続きは、教育資金を銀行預金等として預入し、銀行等と教育資金管理契約を締結する必要があります。また、教育資金の引き出しは、基本的に領収証などと引き換えになります。たとえば、大学の入学金と授業料150万円を親が振り込みする場合、その都度贈与では、大学に親が直接振込みをすることで完結します。

教育資金の一括贈与は、基本的に振り込んだ領収証と引き換えに口座から返金してもらう形式になりますので、事前に資金の手当てが必要になります。

●「結婚・出産・育児」資金の贈与について

結婚・子育ての資金の一括贈与に係る贈与税の非課税措置は、少子高齢化の進展・人口減少への対応として制定されました。

教育資金と同様、必要に応じてその都度贈与しても非課税になります。

メリットとしては、孫に結婚・子育て資金として一括贈与をし、贈与分のうち生前に使い切れなかった分の残額の金額について、相続税の「2割加算」をされずに済むということです。

●住宅取得等資金贈与について

住宅ローン返済中であっても贈与はできますが、ローンの借入先との間に手続きが必要な場合もあります。

●贈与税の配偶者控除について

入籍期間20年以上の夫婦間で居住用不動産、または居住用不動産を取得するための金銭の贈与があった場合に、さらに2000万円を上乗せする特例が設けられています。

なお、この特例については、その配偶者からの贈与につき一度しか適用できないことになっています。

居住用不動産の取得日の翌年3月15日までに居住し、その後も引き続きそこに居住する見込みであることが条件です。

贈与の評価は、相続税における評価方法と同じ評価がされます。

土地は、通常は路線価

建物は、固定資産税評価額

を使いますので、時価とは少し異なります。

贈与税を課税されないようにするならば、ご自宅の相続税評価額を算出して、2110万円分以内の持ち分を贈与する登記を行えばよいのです。

ただし、登記費用、不動産取得税諸費用は通常通りかかります。

図表5-8　一括贈与に係る贈与税非課税措置の比較表

	結婚・子育ての資金の一括贈与に係る贈与税の非課税措置	教育資金の一括贈与に係る贈与税の非課税措置
目的	少子化対策に資するため、一括贈与により若年層の経済的不安を解消し、結婚・出産を後押しすること	高齢者層に偏在している豊富な金融資産を子どもの将来の教育費として市場に引き出した上、子どもの教育資金の確保を図るとともに、成長マネーとして有効活用すること
期間	平成27年4月1日～平成31年3月31日	平成25年4月1日～平成31年3月31日
受贈者	20歳以上50歳未満の個人	30歳未満の個人
贈与者	受贈者の直系尊属	同左
限度額	受贈者1人につき1,000万円（結婚費用300万円）	受贈者1人につき1,500万円（学校等以外金銭500万円）
使途	結婚・子育ての資金	教育資金
終了事由	①受贈者が50歳に達した場合 ②受贈者が死亡した場合 ③信託財産等の価額が零となり、終了の合意があったとき	①受贈者が30歳に達した場合 ②受贈者が死亡した場合 ③信託財産等の価額が零となり、終了の合意があったとき
終了時の課税（終了事由①③）	残額に贈与の課税あり	同左
受贈者死亡時の課税（終了事由②）	残額があっても贈与税の課税なし	同左
贈与者の死亡時の課税	贈与者死亡時の残額を相続財産に加算有り	贈与者死亡時の残額を相続財産に加算なし

図表5-9　贈与税がかからない財産

種類	非課税の範囲
扶養義務者相互間における生活費や教育費のための贈与財産	扶養義務者から必要の都度、直接これらの用に充てるためもらった通常必要と認められる金額
社交上必要と認められる香典等	香典、花輪代、盆暮の中元や歳暮、祝い金、見舞金などで、社会通念上相当と認められるもの
公益事業用の財産	宗教・慈善・学術その他公益を目的とする事業のように供される部分
特定公益信託から交付される金品	学術奨励のため、又は学資支給を目的として支給される金品で所定のもの
心身障害者共済制度に基づく給付金の受給権	全額
特別障害者扶養信託契約に基づく信託受益権	障害者非課税信託申告書に基づく信託受益権の価額のうち6,000万円までの部分
公職選挙法の候補者が贈与により取得した財産	国会議員、地方議会議員、知事、市町村長の選挙に関し、公職選挙法の規定により報告したもの
離婚に際しての財産分与	離婚を手段として贈与税や相続税を不当に免れる場合以外のもの
債務超過の場合の債務免除、債務肩代わり、低額譲受け	債務者が債務超過である場合、その額
法人からの贈与財産	贈与財産全額非課税。ただし、所得税の一時所得として課税される
相続開始年に被相続人から贈与を受けた財産	贈与財産全額非課税。ただし相続税がかかる

おわりに

相続税は、「**〝タダ〟**で財産が増えるなら、税金は払えますよね」という考えによって誕生しました。

1905年に相続税が誕生した当時の官僚が、「人は必ず死ぬ。死んだら税金を取れるので、安定した税収になる素晴らしい税金である」とコメントしているほど、相続税は政府にとって画期的な税金だったようです。

「税金は取りやすいところから取る」というのは、いつの時代も変わらないようです。「戦死したときに財産があったら相続税が課税される。それならば、生きているうちに財産を家族にあげてしまおう（贈与しよう）」と賢い人は考えました。

そうなると国の税収は増えませんので、国は「贈与をさせなければよい」と考え、贈与税を誕生させたわけです。相続税よりも贈与税の税率を高くすれば誰も贈与をしなくなる、という発想です。

しかし、現在では、相続税は増税、贈与税は減税の方向で改正が動いています。

生前贈与には、さまざまな活用の方法があります。

スムーズな資産のバトンタッチをするため、親が子に対するマイホームの購入資金の応援をする、本人が亡き後の争いごとの防止、配偶者への想いを表す……などに活用できるのです。

鳴かぬ蛍が身を焦がす

ということわざがあります。

鳴けない蛍は、その代わりに身を焦がすかのように光っている。口に出さず、黙っている者の方が強く心の中で思っている、という意味です。

親はいつも子どもたちに口に出さず、幸せになってほしいと思っています。

そもそも〝相続〟とはどういう意味でしょうか？

〝相続〟の〝相〟とは、〝愛〟であり、

〝続〟は〝続く〟

つまり、相続とは〝家族愛〟が永遠に続くためのものです。

相続が発生することによって、争いごとがなく、〝与える〟気持ちを前提にして、スムーズに〝家〟が継承され、発展することではないでしょうか？

相続によっていっそう家族が結束することになるのが、〝相続の本来の姿〟にならなければいけません。

生前贈与は、

楽しく与える気持ちを十二分に理解して
豊かに受け取るという感謝の中で

笑いがこみあげて行くことを切に願います。

本書の完成を陰で支えてくれた家族、兄、いつも助けてくれているスタッフに感謝の気持ちを捧げます。

2017年3月

税理士　鈴木和宏

参考文献

「[改訂版]　検討してみよう!　生前贈与の基礎知識」鈴木和宏・著　ファーストプレス　2013年

「相続対策の基礎知識　生命保険活用編」鈴木和宏・著　ファーストプレス　2014年

「家族信託の基礎知識」鈴木和宏・著　ファーストプレス　2015年

「生前贈与Q&A」鈴木和宏・著　ファーストプレス　2012年

「信託ならもめごとゼロ!　"新しい相続"のススメ」河合保弘・著　株式会社学研プラス　2016年

「今こそ本気で考えたい!　相続のための生前対策」楢山直樹・著　あさ出版　2013年

「最適解のための事例詳説　相続税・贈与税Q&A」深代勝美・編著　清文社　2014年

「税務調査でそこが問われる!　相続税・贈与税における名義預金・名義株の税務判断」風岡範哉・著　清文社　2015年

「税理士が本当に知りたい　生前贈与相談[頻出]ケーススタディ」　税理士法人チェスター・編　清文社　2015年

「会話式&事例で学ぶ　「ここがまちがいやすい!　相続・贈与」ベイヒルズ税理士法人・編　セルバ出版　2015年

「ベテラン税理士だけが知っている　連年非課税贈与の成功パターン」　堂上孝生・著　合同フォレスト　2015年

鈴木和宏（すずき・かずひろ）

税理士登録（昭和 59 年 2 月 21 日　No.53070）
生年月日　昭和 30 年 1 月 14 日大阪市東成区生まれ
昭和52年03月　京都産業大学　経営学部経営学科　卒業
昭和52年04月　㈱大丸百貨店（現㈱大丸松坂屋百貨店の子会社経理部門）において、経理全般に従事
昭和54年09月　税理士事務所において関与先の記帳指導・監査・決算・税務申告などに従事
昭和58年12月　税理士試験に合格
昭和59年02月　税理士登録
昭和59年08月　鈴木和宏税理士事務所開設

身近に何でも気軽に相談できる「密着度の高い」サービスをモットーに、豊富な経験やノウハウで、現在は税務業務をはじめ、相続・贈与対策、キャシュフローコーチ、経営計画策定支援、保険塾、飲食店成功支援の業務を行っている。

講　演　りそな銀行・紀陽銀行・追手門ビジネスクリニック・全国賃貸住宅新聞
日本生命・帝国データバンク・ソニー生命保険・かんでんジョイナス
優積倶楽部・損保ジャパンひまわり生命・進和建設㈱等

著　書　「社長さん、お金を残したいなら税務署の嫌がることをやりなさい」ゴマブックス
「中小企業のオヤジだけが知っている儲けのカラクリ」マネジメント社
「家族信託の基礎知識」ファーストプレス
「相続対策の基礎知識　生命保険活用編」ファーストプレス
「生前贈与の基礎知識」ファーストプレス
「生前贈与 Q&A」ファーストプレス
「マンガで学ぶ「相続と遺言」」新日本保険新聞社

電子書籍　「相続対策で成功する人・失敗する人 なぜ税理士が生命保険活用を勧めるのか？」
「生前贈与の豆知識」

小 冊 子　「儲かる会計事務所の使い方」
「あなたの資産、悲鳴をあげていませんか」
漫画本「相続　損をする人・しない人」
漫画本「愛する人を守る遺言の力」
「税理士事務所完全活用マニュアル」
「相続　問答集」

共　著　「死ぬ時に後悔しない　お金・暮らし辞典　相続・年金・介護・葬儀」日経ＢＰムック
「事業と社員・生活を守る社長の決断」明日香出版社
「中小企業の黒字はニッポン元氣の特効薬」ＰＨＰ研究所
「中小企業の経営者のライフプラン　～起業から事業承継まで～」ぎょうせい

監　修　「フリーライセンス＆個人事業主のための確定申告」 技術評論社
「年金生活者定年退職者のための確定申告」 技術評論社
「相続よもやまばなし」（共同監修）　星和ビジネスサポート

雑誌記事執筆「近代中小企業」付録小冊子「社長の右腕」

事務所　〒 541-0054　大阪市中央区南本町 2 丁目 2 番 9 号　辰野南本町ビル 7 階
鈴木和宏税理士事務所　所長　税理士　鈴木 和宏
TEL 06-6271-2281　FAX 06-6271-2282
HP：http://www.k-suzuki-tax.com/
Mail：kazuhiro@k-suzuki-tax.com

装丁・デザイン◉桜井勝志
図版作成・ＤＴＰ◉桜井勝志
編集◉飯田健之
編集協力◉出口富士子

もっと上手に財産移転を！ **生前贈与の基礎知識**

2017年4月10日　第１版第１刷

著　者　鈴木和宏
発行者　後藤高志
発行所　株式会社廣済堂出版
〒104-0061　東京都中央区銀座3-7-6
電話　03-6703-0964（編集）
　　　03-6703-0962（販売）
FAX　03-6703-0963（販売）
振替　00180-0-164137
URL　http://www.kosaido-pub.co.jp

印刷所
製本所　株式会社 廣済堂

ISBN 978-4-331-52094-9　C0030